OBJECIÓN DE CONCIENCIA A LA EXPERIMENTACIÓN ANIMAL EN LA EDUCACIÓN SUPERIOR

Objeción de conciencia a la experimentación animal en la educación superior

Zaida Yago-Díez Rodera

Colección: Derecho y administración

Directores:
Joan Manuel Trayter Jiménez
(Catedrático de Derecho administrativo)
Belén Noguera de la Muela
(Catedrática de Derecho administrativo)

© 2024 Zaida Yago-Díez Rodera

© 2024 Atelier
       Santa Dorotea 8, 08004 Barcelona
       e-mail: editorial@atelierlibros.es
       www.atelierlibrosjuridicos.com
       Tel. 93 295 45 60

I.S.B.N.: 978-84-10174-66-5
Depósito legal: B 13796-2023

Impresión: Safekat

SUMARIO

CAPÍTULO 1

LA EXPERIMENTACIÓN ANIMAL EN LA ENSEÑANZA SUPERIOR

Aunque la experimentación animal[1] haya sido incorporada de manera natural a los planes de estudio, es un tema que suscita consideraciones tanto científicas como éticas[2] aunque la experimentación animal haya sido incorporada de manera natural a los planes de estudio[3], es un tema que está muy discutido tanto en las esferas científicas como políticas o sociales. Ahondando en la historia, podemos comprobar que su cuestionamiento no es un tema novedoso.

---

1. *Experimentación con animales se refiere a todo proceso que cause dolor, sufrimiento, angustia o que, aún sin provocarlos, lesione o afecte a la integridad física o psíquica de un animal no humano a través de la ejecución —o interrupción— de una serie de acciones destinadas a descubrir, comprobar, demostrar o desvirtuar el acaecimiento de determinados fenómenos o principios científicos.* ARMAZA ARMAZA, Emilio José. "Experimentación con animales (jurídico)". En: Carlos María ROMEO CASABONA. *Enciclopedia de Bioderecho y Bioética, TOMO I.* Ed.: Comares. Granada, 2011, p. 843.

2. MANCIOCCO, Arianna; VITALE, Augusto. "Legislazione e cura degli animali sperimentali: situazione attuale e prospettive future". *Istituto Superiore di Sanità, Rapporti ISTISAN,* 2007 giugno, p. 1.

3. CARDOZO DE MARTÍNEZ, Carmen Alicia; DE OSORIO, Afife. "Ética en investigación con animales: una actitud responsable y respetuosa del investigador con rigor y calidad científica". *Revista Latinoamericana de Bioética.* Vol. 8, Revista Nº. 2, 2008 julio-diciembre, p. 68.

1.1. EVOLUCIÓN HISTÓRICA DE LA EXPERIMENTACIÓN ANIMAL EN LA EDUCACIÓN

El problema comenzó a plantearse en las universidades donde se aducía que, para aprender anatomía humana y del resto de animales, se debía hacer vivisección[4] primero[5]. Voces críticas señalaron que la principal tarea de la enseñanza de las ciencias contemporáneas debería ser la creación y formación de seres humanos por supuesto *con ciencia, pero también con conciencia*[6].

Es importante conocer a grandes rasgos la *evolución* histórica de la experimentación animal para poder comprender cómo actualmente se viene utilizando en la práctica el método tradicional de aprendizaje, que se basa en la experimentación

---

4. El término "vivisección" deriva del latín *vivus*, vivo, y *sectio-ŏnis*, corte, esto es, la realización de cortes o disecciones en un organismo vivo *y consciente*. La vivisección es un procedimiento exploratorio del ser vivo, que a lo largo de la historia de la humanidad se ha practicado —con defensores y detractores— de manera invasiva, tanto en animales humanos como no humanos, con el fin de visualizar la morfología y su correlación con la función orgánica. Este procedimiento evolucionó con el descubrimiento y utilización de agentes anestésicos y, posteriormente, con la tecnología de imágenes funcionales no invasivas para el ser vivo, con el propósito de comprender más los aspectos funcionales que los estructurales. (*Vid.* ÁLVAREZ-DÍAZ, Jorge Alberto. "La controversia sobre la vivisección". *Acta Bioethica.* Vol. 13, Revista N°. 1, 2007, pp. 53-60; RUÍZ DE CHÁVEZ, Manuel; MOSTERÍN, Jesús; *et al.* "Ética de la investigación con animales". *Gaceta Conbioética.* Vol. 4, Revista N°. 16, 2015 abril-mayo-junio, pp. 1-40; DUQUE PARRA, Jorge Eduardo; BARCO RÍOS, John; *et al.* "La disección *in vivo* (vivisección): una visión histórica". *International Journal of Morphology.* Vol. 32, Revista N°. 1, 2014, pp. 101-105; DE LIMA CARVALHO, André Luis; WAIZBORT, Ricardo. "Pain beyond the confines of man: a preliminary introduction to the debate between Frances Power Cobbe and the darwinists with respect to vivisection in Victorian England (1863-1904)". *História, Ciências, Saúde-Manguinhos.* Vol. 17, Revista N°. 3, 2010, pp. 577-605).

5. CARDOZO DE MARTÍNEZ, Carmen Alicia; DE OSORIO, Afife. "Ética en investigación...", cit., p. 69.

6. TORRES SALAS, María Isabel. "La enseñanza tradicional de las ciencias versus las nuevas tendencias educativas". *Revista Electrónica Educare.* Vol. 14, Revista N°. 1, 2010 enero-junio, p. 135.

con animales como método a seguir en la enseñanza superior. La costumbre de utilizar animales en diversos tipos de experimentos no es, en absoluto, un hábito reciente, el origen de dichas prácticas se encuentra datado en la Grecia antigua[7]. Galeno[8], en el siglo II d.c., enseñaba medicina a sus discípulos disecando y haciendo vivisecciones en perros, cerdos y macacos, bajo el supuesto de que así se entendería y se descri-

---

7. ARMAZA ARMAZA, Emilio José. "Experimentación con animales...", cit., p. 849.

8. Antes de Galeno se hacía vivisección, pues en *Omnia opera* se menciona que Herófilo de Calcedonia (335-280 a.c) contribuyó a la anatomía haciendo descripción de varias estructuras, entre ellas el *calamus scriptorius* en el tronco encefálico y los ovarios a los que denominó *testis muliebris*. Estas observaciones le fueron facilitadas gracias a la liberalidad dada por el rey Ptolomeo, el cual le entregaba condenados a muerte para sus trabajos de vivisección. (*Vid.* DUQUE PARRA, Jorge Eduardo; BARCO RÍOS, John; *et al.* "La disección *in vivo...*", cit., pp. 101-105).

Erasístrato (304-250 a.c) —quien disecó unos 600 sujetos—, incluyó en sus disecciones algunos individuos vivos antes de ser ajusticiados, lo que le permitió hacer grandes descubrimientos (*vid.* DELMAS, André. *La anatomía humana.* Ed.: Paidotribo. Barcelona, 1986). Este aspecto de la vivisección de Erasístrato ha pasado a las obras de novela histórica indicándose que fue a ver al rey Ptolomeo y le exigió "...dame personas a las que pueda abrir", aprobando su solicitud con el envío de pastores, los cuales eran llevados por los torturadores quienes veían con horror cómo sus vísceras brotaban por el agujero abierto en sus vientres mientras abrían sus bocas para lanzar gritos desgarradores, pero les embutían algo en ellas a fin de que el médico obtuviera el silencio necesario para trabajar y extirparles las entrañas a sus cuerpos aún vivos. (*Vid.* KORBER, Tessa. *El médico del emperador.* Ed.: Ediciones B. Barcelona, 2005).

Erasístrato y Herófilo se destacaron entonces como los autores de las principales contribuciones al conocimiento anatómico y, con ellos, los orígenes de la vivisección fueron documentados ampliamente en Alejandría como las primeras disecciones sistemáticas. (ACIERNO, Louis. *The history of cardiology.* Ed.: Editions Roche. Londres, 1994).

Sin embargo, para otros autores, la vivisección no fue adoptada sistemáticamente en términos metodológicos sino hasta el siglo XIX. (*Cfr.* DE LIMA CARVALHO, André Luis; WAIZBORT, Ricardo. "Pain beyond the confines of man: a preliminary introduction to the debate between Frances Power Cobbe and the darwinists with respect to vivisection in Victorian England (1863-1904)". *Histó-ria, Ciências, Saúde-Manguinhos.* Vol. 17, Revista N°. 3, 2010, pp. 577-605).

biría el cuerpo humano y su funcionamiento, lo cual, por cierto, lo condujo a una mala comprensión de la anatomía humana y de su fisiología porque sus descripciones del útero se basaban en perros, la de los riñones en los cerdos, etc[9].

En el Renacimiento, el médico Andreas Vesalius también empleaba animales. Practicó la vivisección, pues además de disecar cadáveres humanos, utilizó animales vivos con el fin de correlacionar la estructura con la función para enseñar a sus discípulos, lo que contribuyó a que se extendiera la práctica[10]. Fue hacia mediados del siglo XIX cuando se popularizaron las disecciones y vivisecciones de animales con propósitos educativos en clases de biología y de anatomía, fundamentalmente. La polémica respecto a la vivisección como método de enseñanza surgió en torno a la figura de Claude Bernard, quien usó miles de perros conscientes durante sus experimentos en clase[11].

La internacionalización del movimiento antivivisección comenzó en los años sesenta, cristalizando en las protestas de Frances Power Cobbe contra los experimentos que se llevaban a cabo en Francia e Italia; con todo, en la década siguiente muchos investigadores británicos usaban el modelo francés. Cobbe y su círculo, que contaba con el apoyo de la reina Vic-

---

9. VIVIAN, Nutton. "Logic, Learning, and Experimental Medicine". *Science.* Vol. 295, Revista N°. 5556, 2002, pp. 800-801.

10. Así lo atestigua el siguiente extracto del capítulo XIX de su libro *De humani corporis fabrica:* "lo que puede aprenderse con la disección del cadáver y con la del ser viviente [...]". (*Vid.* VESALIUS, Andreas. *De humani corporis fabrica.* Ed.: Basel. Estados Unidos, 1543; ROSETTI, Daniel López. *El cerebro de Leonardo.* Ed.: Lumen Humanitas. España, 2013; MÍGUEZ SANTIYÁN, María del Prado; LARGO BERMEJO, Juan Daniel; *et al. Perspectivas de la experimentación animal en ciencias biomédicas.* Ed.: Universidad de Extremadura, Servicio de Publicaciones. España, 2016, pp. 40-42; DUQUE PARRA, Jorge Eduardo; BARCO RÍOS, John., *et al.* "La disección *in vivo*...", cit., pp. 101-105; ORTIZ MILLÁN, Gustavo. "Víctimas de la educación. La ética y el uso de animales en la educación superior". *Revista de la Educación Superior.* Vol. 45, Revista N°. 177, 2016 enero-marzo, pp. 147-170.

11. MOSTERÍN, Jesús. "Dilemas éticos en la experimentación animal". *Gaceta Conbioética.* Vol. 4, Revista N°. 16, 2015 abril-mayo-junio, pp. 5-9.

toria, publicaron muchos artículos y cartas en la prensa popular. En 1876 la agitación provocada por el grupo de Cobbe llevó a la presentación de una propuesta de ley en el parlamento para restringir la experimentación con animales; después de muchas enmiendas terminó aprobándose la *Cruelty to Animals Act* de 1876, el primer intento de un gobierno nacional de regular la experimentación animal[12].

El uso de animales en la educación superior ha constituido el modo más extendido de enseñanza a los estudiantes[13]. La tradición justifica la práctica consistente en la utilización de animales con fines experimentales en la educación superior; sin embargo, el mero hecho de que una práctica sea tradicional no es argumento suficiente para justificar su continuación[14].

Cuando en Grecia, el ser humano, por primera vez, comenzó a llevar a cabo ciertos experimentos utilizando modelos animales, los científicos utilizaban pruebas, métodos e instrumentos simples y rudimentarios —como cuerdas y cuchillos— para practicar lo que hoy conocemos con el nombre de vivisección[15]. Afortunadamente, en la actualidad, existe total consenso por lo que respecta a la idea de que los animales son, efectivamente, capaces de sufrir[16], lo que se ha traducido en una disminución considerable del uso de animales utilizados con fines experimentales en el ámbito de la educación superior en los últimos años, llegándose a reutilizar el mismo animal en más de un procedimiento, aunque solo en los casos en que ello no vaya en contra del objetivo científico ni tenga como consecuencia un bienestar insuficiente del animal[17]. Puede constatarse

---

12. TOMÉ LÓPEZ, César. *Experimentación animal (II)*. CUADERNO DE CULTURA CIENTÍFICA, 21 de julio de 2015. https://culturacientifica.com/2015/07/21/experimentacion-animal-ii/.

13. ORTIZ MILLÁN, Gustavo. "Víctimas de la educación...", cit., p. 148.

14. *Ibídem.*

15. ARMAZA ARMAZA, Emilio José. "Experimentación con animales...", cit., p. 849.

16. *Ibídem.*

17. Pese a que la actividad en este campo es notoriamente superior, este es uno en los que se puede comprobar de forma clara el esfuerzo por reemplazar

una reducción del 30% en el uso de animales desde 2009, provocada por la acomodación de la legislación a las normas europeas y la optimización y mejora de los métodos[18]. Este decrecimiento es consecuencia de una mayor reflexión por parte de los científicos y una progresiva sensibilización de los estudiantes, quienes manifiestan[19] una mayor preocupación por el empleo de los animales en prácticas de laboratorio encaminadas al aprendizaje de distintos aspectos de la anatomía, la fisiología, la psicología[20]. De hecho, en algunos casos, incluso la propia comunidad científica se ha manifestado contraria a ciertas prácticas o a la excesiva permisión consecuencia de la falta de regulación[21]. En definitiva, en los últimos siglos se ha producido una intensa concienciación por parte de la sociedad sobre el valor de la vida en general, y de los animales en particular, especialmente en los países desarrollados[22].

Por otro lado, el uso de animales en educación puede tener efectos adversos sobre los estudiantes; se ha mostrado que forzarlos a participar en dichas prácticas de laboratorio puede

---

animales vivos por otras estrategias que permiten la consecución del objetivo buscado. (Informe anual emitido por el Ministerio de España de Agricultura, Pesca y Alimentación sobre *Usos de Animales en Experimentación y otros Fines Científicos, incluyendo la Docencia* en 2022).

18. *Vid.* MONTOLIU, Lluis. ¿Cuántos animales se usan en España para experimentación? CUADERNO DE CULTURA CIENTÍFICA, 5 de enero de 2018; Anónimo. *Más de 120 instituciones españolas de investigación se unen para difundir los beneficios de la experimentación animal.* EUROPA PRESS, 5 de septiembre de 2018.

19. Ello se pone de relieve en las Resoluciones relativas a la objeción de conciencia a la experimentación con animales de las Universidades de Zaragoza y Madrid. (*Vid* Anexos VII y VIII).

20. ORTIZ MILLÁN, Gustavo. "Víctimas de la educación...", cit., p. 148.

21. TAFALLA, Marta. "Percepción social de la experimentación animal. Principios éticos". En: Jesús MARTÍN ZÚÑIGA y José María ORELLANA MURIANA. *Ciencia y tecnología en experimentación y protección animal.* Ed.: Sociedad Española para las Ciencias del Animal de Laboratorio y la Universidad de Alcalá de Henares. Madrid, 2016, pp. 37-66.

22. MÍGUEZ SANTIYÁN, María del Prado; LARGO BERMEJO, Juan Daniel; *et al. Perspectivas de la experimentación...*, cit., pp. 40-42.

tener efectos psicológicos nocivos, aspectos para los cuales los docentes no suelen preparar a los educandos, e incluso ellos mismos tampoco están preparados para atender[23]. "Bajo la presión de una disección forzosa —o de cualquier otro uso nocivo de un animal—, la educación se ve frustrada; cuando los estudiantes se ven obligados a utilizar animales en formas que ellos encuentran objetables, el estudiante se traumatiza e invariablemente aprende menos"[24].

Muchas personas que son compasivas con los animales prefieren evitar, o darse de baja de una carrera científica si esta va a implicar el sufrimiento de estos, con lo cual se pierde gente que puede tener capacidades para hacer investigación científica que no involucre el uso de animales. Desperdiciar dicho capital humano es perjudicial para la ciencia misma[25].

1.2. EXPERIMENTACIÓN ANIMAL Y AVANCES CIENTÍFICOS

El uso de animales en la educación superior es una práctica que se viene realizando desde hace siglos y ha aportado grandes avances en distintas materias como la anatomía, la fisiología, la farmacología, la zoología y la toxicología[26].

---

23. ORTIZ MILLÁN, Gustavo. "Víctimas de la educación...", cit., p. 154.

24. CAPALDO, Theodora. "The psychological effect on students of using animals in ways that they see as ethically, morally and religiously wrong". *Alternatives to Laboratory Animals.* Vol. 32, Revista N°. 1, 2004, p. 525.

25. ORTIZ MILLÁN, Gustavo. "Víctimas de la educación...", cit., p. 154.

26. *Cfr.* GLICK, Shimon. "Animals for teaching purposes: Medical Students' Attitude". *Medical Education (Oxford Print).* Vol. 29, Revista N°. 1, 1995, p. 40; SINGH DHINGRA, Mandeep; SINGH, Amandeep; *et al.* "Animal Experiments and Pharmacology Teaching at Medical Schools in India: A Student's Eye view". *Alternatives to Animal Testing and Experimentation (AATEX).* Vol. 11, Revista N°. 3, 2006, p. 186; TEMBHURNE, Sachin; SAKARTAR, More. "Alternative to Use of Live Animal in Teaching Pharmacology and Physiology in Pharmacy Undergraduate Curriculum: An Assessment of 120 Students Views". *International Journal of Current Research and Review (IJCRR).* Vol. 1, Revista N°. 1, 2011, p. 6.

En efecto, la experimentación con animales ha permitido al ser humano acelerar de manera exponencial su desarrollo tecnológico y científico, especialmente en lo referente a los campos educativo y biológico, ya que la realización de estudios en modelos animales ha permitido no solo comprender mejor el funcionamiento de estos, sino también extrapolar los resultados a las ciencias biomédicas en general[27].

La investigación de las ciencias biomédicas involucra la experimentación con animales vivos. El animal se considera, por tanto, como una herramienta importante para el progreso de la ciencia, la cual, en su mayor parte, está directamente enfocada al descubrimiento de nuevas técnicas para prevenir, aliviar y curar enfermedades tanto del hombre como del resto de animales[28].

Es posible deducir, de esta manera, desde una perspectiva antropocéntrica, que la experimentación animal es un *mal necesario, un sufrimiento que hay que infligir si lo que se desea es disminuir el dolor humano*[29].

La experimentación animal permite conocer de forma más detallada la fisiología de los distintos aparatos y tejidos orgánicos tanto en animales como en seres humanos, así como la patogénesis de las diferentes enfermedades biológicas, permitiendo el desarrollo de tratamientos eficaces. Por ello, el uso de animales en investigación, enseñanza, pruebas de laboratorio, producción de compuestos biológicos y mejora de las técnicas quirúrgicas, ha sido y sigue siendo esencial para el desarrollo y avance de las ciencias médicas[30].

---

27. *Cfr.* MINTEER, Ben; COLLINS, James. "Ecological Ethics: Building a New Tool Kit for Ecologists and Biodiversity Managers". *Conservation Biology.* Vol. 19, Revista Nº. 6, 2005 diciembre, p. 1804.

28. *Cfr.* NAVARRO HERNÁNDEZ, Jaime Alonso; RAMÍREZ OJEDA, Roberto Aarón; *et al.* "Cumplimiento de los principios éticos en la experimentación con animales". *Manual de procedimientos recomendables para la investigación con animales.* Ed.: Samsara. México, 2012, p. 40.

29. *Ibídem.*

30. VANDA-CANTÓN, Beatriz. "La experimentación biomédica en animales en los códigos bioéticos". *Laborat Acta. Humanidades y Ciencia.* Vol. 15, Revis-

Muchos autores argumentan que la desensibilización asegura la formación de buenos científicos que no tengan actitudes sentimentalistas, añadiendo que es necesario que el buen científico tome una actitud completamente libre de emociones hacia el animal, para que estas no interfieran en sus investigaciones; tal actitud se debe inculcar en los estudiantes, afirman[31].

Buena parte del entrenamiento de los estudiantes de ciencias busca que estén lo más libres que sea posible de la terminología valorativa; de este modo, se adoptan términos que suenan científicos y objetivos y que, así, promueven una actitud de desapego o de imparcialidad, tal y como lo manifiesta Alice Winifred Heim[32]. En este sentido, lo cierto es que los sistemas educativos —que metódicamente inculcan en los estudiantes la idea de que no deben considerar el dolor y el sufrimiento de

---

ta N°. 3, 2003, p. 69; SCHUNEMANN, Aline. "Los animales en la experimentación científica". *Academia Veterinaria de México,* 1980, pp. 101-115.

31. *Cfr.* PEDERSEN, Helena. *Animals in Schools. Processes and Strategies in Human-Animal Education.* Ed.: Purdue University Press. Indiana, 2010; TÉLLEZ BALLESTEROS, Elizabeth Eugenia. "El uso de los animales en la educación. Un análisis bioético". *Murmullos filosóficos.* Vol. 2, Revista N°. 3, 2012, pp. 52-59; TÉLLEZ BALLESTEROS, Elizabeth Eugenia; SCHUNEMANN DE ALUJA, Aline; *et al.* "Argumentos con los que se intenta legitimar la enseñanza lesiva con animales en medicina veterinaria y zootecnia". *Dilemata.* Vol. 6, Revista N°. 15, 2014, pp. 289-298.

32. El trabajo en *conducta animal* se expresa siempre en terminología científica y que suene higiénica, lo cual permite el adoctrinamiento del joven estudiante normal, y no sádico, para que proceda sin que se genere ansiedad. Así, técnica de *extinción* se usa para lo que de hecho es tortura por sed, o por inanición, o por choques eléctricos; *refuerzo parcial* es el término que se emplea para frustrar a un animal al satisfacer solo ocasionalmente las expectativas que, quien experimenta, ha generado en él a través de entrenamiento previo; *estímulo negativo* es la expresión que se aplica para someter a un animal a un estímulo que, de ser posible, este evita. El término *evitar* está bien porque es una actividad observable. Los vocablos estímulo *doloroso* o *de sobresalto* no son correctos puesto que son antropomórficos, implican que el animal tiene sentimientos y que estos pueden ser semejantes a los sentimientos humanos. Este aspecto no es permisible porque no es [...] científico. (*Vid.* HEIM, Alice. *Intelligence and Personality.* Ed.: Penguin Books. Baltimore, 1971, p. 150; SINGER, Peter. *Animal Liberation.* Ed.: Harper-Collins. Nueva York, 2009, p. 51).

los animales de laboratorio—, pueden terminar desensibilizando a los alumnos frente a otras formas de sufrimiento animal, enseñándoles que las vidas de estos seres vivos no son importantes[33].

1.3. LA BÚSQUEDA DE MÉTODOS ALTERNATIVOS A LA EXPERIMENTACIÓN ANIMAL EN LA EDUCACIÓN SUPERIOR

Existen mejores métodos de enseñanza que los que se han heredado de la tradición; el hecho de que en el pasado se haya aprendido utilizando animales no quiere decir que deba seguirse haciendo así y que no haya mejores métodos de enseñanza. En realidad, la utilización de este argumento en la educación, de manera general, solo promueve el conservadurismo y el inmovilismo pedagógicos, es decir, sirve para obstaculizar nuevas técnicas de aprendizaje posiblemente más efectivas[34].

El resultado de distintos estudios reportados por varios investigadores fue que el aprendizaje asistido por computadora puede ser efectivo para reemplazar o mejorar las clases de laboratorio tradicionales en cursos de pregrado de ciencias biomédicas, y es claro que reemplazar una proporción de clases prácticas tradicionales con simuladores computacionales no pondría en desventaja a los estudiantes y podría, de hecho, mejorar su aprendizaje[35].

En el estudio sobre la efectividad de los métodos de enseñanza en veterinaria que no usan animales, Andrew Knight comparó once estudios, publicados entre 1989 y 2006, que evaluaban el entrenamiento *quirúrgico,* la disciplina que histórica-

---

33. ORTIZ MILLÁN, Gustavo. "Víctimas de la educación...", cit., p. 154.

34. *Ibídem.*

35. DEWHURST, David; HARDCASTLE, Jacqueline; *et al.* "Comparison of a computer simulation program and a traditional laboratory practical class for teaching the principles of intestinal absorption". *Advances in Physiology Education.* Vol. 12, Revista N°. 1, 1994, pp. 95-104.

mente involucra un mayor daño a los animales, mostrando los resultados[36] un aprendizaje superior, equivalente y, en menor porcentaje, inferior al utilizar métodos alternativos[37].

Los distintos estudios llevados a cabo en universidades estadounidenses demostraron que el método alternativo consistente en la escultura de las anatomías humana y animal con plastilina, tiene mejores efectos tanto pedagógicos como en términos de la satisfacción de los estudiantes y desarrollo de distintas habilidades —manuales, de comunicación, etc.— que la propia disección de animales en el laboratorio[38].

De estos y otros estudios[39] podemos inferir que los métodos alternativos que no involucran el uso de animales vivos en el

---

36. Los resultados fueron los siguientes: el 45,5% de esos trabajos demostró un *aprendizaje superior* al usar métodos alternativos que incluían simuladores por computadora, vídeos de alta calidad, cadáveres de una fuente ética (por ejemplo, animales a los que se les practicó eutanasia o especímenes preservados), así como experiencias clínicas supervisadas. Otro 45,5% presentó un nivel de *aprendizaje equivalente*, y solo un 9,1% expresó un *aprendizaje inferior* al usar métodos alternativos. (*Vid.* KNIGHT, Andrew. "The effectiveness of humane teaching methods in veterinary education". *Alternatives to Animal Experimentation (ALTEX)*. Vol. 24, Revista N°. 2, 2007, p. 91).

37. MÍGUEZ SANTIYÁN, María del Prado; LARGO BERMEJO, Juan Daniel; *et al. Perspectivas de la experimentación...*, cit., pp. 40-42.

38. *Vid.* DEHOFF, Mary Ellen; CLARK, Krista; *et al.* "Learning outcomes and student perceived value of clay modeling and cat dissection in undergraduate human anatomy and physiology". *Advances in Physiology Education.* Vol. 35, 2011, pp. 68-75; MOTOIKE, Howard; O'KANE, Robyn; *et al.* "Clay modeling as a method to learn human muscles: a community college study". *Anatomical Sciences Education.* Vol. 2, 2009, pp. 19-23; WATERS, John; VAN METER, Peggy; *et al.* "Cat dissection vs. sculpting human structures in clay: An analysis of two approaches to undergraduate human anatomy laboratory education". *Advances in Physiology Education.* Vol. 29, 2005, pp. 27-34; WATERS, John; VAN METER, Peggy; *et al.* "Human clay models versus cat dissection: How the similarity between the classroom and the exam affects student performance". *Advances in Physiology Education.* Vol. 35, 2011, pp. 227-236.

39. Son determinantes, entre otros, los siguientes estudios: la comparación de 17 estudios que apoyan la adopción de métodos alternativos en la educación biomédica realizado por Patronek y Rauch (*vid.,* PATRONEK, Gary; RAUCH, Annette. "Systematic review of comparative studies examining alternatives to the harmful use of animals in biomedical education". *Journal of the American Vete-*

laboratorio son, en su mayoría, superiores o, al menos, igualmente efectivos que los que sí los ocupan[40]. Es más: precisamente el campo de la ciencia médica que más se ha beneficiado del uso de simuladores informáticos y otros métodos alternativos es el de la *enseñanza* —la cursiva es mía—, más concretamente el *quirúrgico*[41].

En definitiva, queda claro que actualmente la disección de animales con finalidades didácticas puede ser fácilmente reemplazada mediante el uso de estrategias alternativas.

Científicos de diversos campos trabajan juntos en la actualidad para desarrollar simulaciones por ordenador que en un futuro podrían evitar los experimentos reales con animales de laboratorio. En concreto, El Grupo de Modelado Molecular del Centro de Biología Molecular Severo Ochoa (CBMSO) de Madrid ha puesto de manifiesto que el desarrollo informático es esencial y lo más novedoso es utilizar procesadores gráficos, porque *se pueden tener miles de ellos realizando miles de operaciones sencillas*, lo que permite mejorar el cálculo y la memoria[42].

Al comparar los costes del método tradicional de aprendizaje —es decir, la disección de animales— con los métodos alternativos en la enseñanza superior, los investigadores llegaron a la conclusión de que el método tradicional basado en el uso de

---

rinary Medical Association. Vol. 230, Revista N° 1, 2007, pp. 37-43); sobre el caso de la enseñanza de la fisiología cardiovascular, *vid.*, SAMSEL, Richard; SCHMIDT, Gregory; *et al.* "Cardiovascular physiology teaching: computer simulations vs. animal demonstrations". *Advances in Physiology Education*. Vol. 11, 1994, pp. 36-46; la confrontación de 22 estudios que muestran la superioridad de los métodos sin animales realizado por Balcombe (*vid.*, BALCOMBE, Jonathan. *The use of animals in higher education. Problems, alternatives and recommendations.* Ed.: Humane Society Press. Washington, D.C., 2000).

40. ORTIZ MILLÁN, Gustavo. "Víctimas de la educación...", cit., p. 152.

41. MÍGUEZ SANTIYÁN, María del Prado; LARGO BERMEJO, Juan Daniel; *et al. Perspectivas de la experimentación...*, cit., pp. 40-42.

42. Anónimo. *La simulación computacional disminuirá en el futuro los experimentos reales en laboratorio.* AGENCIA IBEROAMERICANA PARA LA DIFUSIÓN DE LA CIENCIA Y LA TECNOLOGÍA, 20 de octubre de 2011.

animales era cinco veces más caro que el método basado en el simulador computacional, dado que el primero involucraba el tiempo del personal —académicos y técnicos— que supervisaba a los estudiantes en el laboratorio, a las sustancias, así como la adquisición o la crianza de los animales destinados, mientras que el método del simulador incluía solo las computadoras y el programa, que podían ocuparse en cursos posteriores[43].

1.4. EL CONCEPTO DE BIENESTAR ANIMAL

El concepto de bienestar animal[44] está consagrado en el Tratado de Funcionamiento de la Unión Europea (TFUE), que reconoce a los animales como seres sensibles[45]. La Organización Mundial de Sanidad Animal (OIE)[46], por su parte, define

---

43. Es decir, no se trataba de un gasto constante, sino de un gasto que se realizaba una vez y que se amortizaba a lo largo de varios años de uso del programa. (*Vid.*, entre otros, ORTIZ MILLÁN, Gustavo. "Víctimas de la educación...", cit., pp. 147-170; BALCOMBE, Jonathan. *The use of animals in higher education. Problems, alternatives and recommendations.* Ed.: Humane Society Press. Washington, D.C., 2000; MÍGUEZ SANTIYÁN, María del Prado; LARGO BERMEJO, Juan Daniel; *et al. Perspectivas de la experimentación...,* cit., pp. 40-42).

44. En el ámbito de la investigación, *bienestar animal* significa "ausencia de estrés, dolor, angustia, sufrimiento". (LORENZINI, Rodolfo. "Metodiche alternative nella ricerca biomedica sperimentale: considerazioni e prospettive". En: Giovanni LAVIOLA y Augusto VITALE. *Aspetti normativi e metodologici della sperimentazione animale. Istituto Superiore di Sanità, Rapporti ISTISAN,* 1997, p. 3).

45. *Vid.* Artículo 13 del Tratado de Funcionamiento de la Unión Europea.

46. La Organización Mundial de Sanidad Animal fue creada en 1924 con el nombre de Oficina Internacional de Epizootias (OIE) para facilitar la cooperación y coordinación internacionales contra la propagación de las enfermedades animales. Casi noventa años después, el mandato principal de la organización se ha modificado para convertirse en "la mejora de la sanidad animal, de la salud pública veterinaria y del bienestar animal a nivel mundial" porque se reconoce que la mejor manera de controlar la propagación de enfermedades animales es garantizando la sanidad de los mismos. Dicha mejora tiene beneficios claros para la salud del hombre (control de enfermedades zoonóticas, seguridad alimentaria e inocuidad de los alimentos) y repercusiones positivas para el de-

el bienestar animal como el modo en que un animal afronta las condiciones de su entorno. Un animal experimenta un buen bienestar[47] si está sano, cómodo, bien alimentado, en seguridad, y si no padece sensaciones desagradables como dolor, miedo o desasosiego y es capaz de expresar comportamientos importantes para su estado de bienestar físico y mental[48].

El creciente interés por la regulación de la protección de los animales utilizados en experimentación, docencia y otros fines científicos ha permitido que tanto a nivel europeo como nacional, se hayan aprobado varios textos legislativos con la finalidad de regular su uso, implementando para ello diferentes medidas, como la reducción del número de animales, la restricción del dolor y el sufrimiento prolongado en los animales utilizados, y el fomento de la puesta a punto de métodos alternativos.

Común a los ordenamientos español e italiano, nos encontramos con normativa de derecho internacional y de la Unión Europea relativa a la experimentación animal, aplicable a todos los Estados miembros[49].

---

sarrollo económico y la producción de alimentos. *Vid.* Séptimo plan estratégico de la OIE para el período 2021-2025, París, 27 de mayo de 2020.

47. Un buen bienestar animal requiere prevenir enfermedades, cuidados veterinarios apropiados, refugio, manejo y nutrición, un entorno estimulante y seguro, una manipulación correcta y el sacrificio o matanza de manera humanitaria (*Vid.* Artículo 7.1.1 del Código Sanitario para los Animales Terrestres. *Bienestar de los animales. Introducción a las recomendaciones para el bienestar de los animales.* París, 2019, p. 297).

48. Artículo 7.1.1 del Código Sanitario para los Animales Terrestres. *Bienestar de los animales. Introducción a las recomendaciones para el bienestar de los animales.* París, 2019, p. 297.

49. Convenio Europeo *sobre Protección de los Animales Vertebrados Utilizados con Fines Experimentales y Otros Fines Científicos,* hecho en Estrasburgo el 18 de marzo de 1986.

Directiva 2010/63/UE del Parlamento Europeo y del Consejo, de 22 de septiembre de 2010, *relativa a la Protección de los Animales Utilizados para Fines Científicos.* Dicha Directiva deroga y sustituye la Directiva 86/609/CEE del Consejo, de 24 de noviembre de 1986, *relativa a la Aproximación de las Disposiciones Legales, Reglamentarias y Administrativas de los Estados Miembros respecto*

En España, solo existe normativa relativa a la experimentación animal que no contempla la objeción de conciencia —salvo en el Código Deontológico de los Veterinarios—, a diferencia de lo que acontece en Italia; donde, además de existir normativa relativa a la experimentación animal, también se ha aprobado la Ley *de Objeción de Conciencia a la Experimentación con Animales.*

Las primeras iniciativas sobre protección animal en relación con los experimentos, se encuentran en la normativa internacional de ámbito europeo. El Convenio Europeo *sobre Protección* de los Animales Vertebrados *Utilizados con Fines Experimentales y Otros Fines Científicos* afirma de forma clara, en su artículo 25[50], que los estudiantes que no estén destinados a utilizar animales en su trabajo futuro no deberían realizar experimentos con ellos[51].

Por cuanto respecta a la Unión Europea, la Directiva *relativa a la Protección de los Animales Utilizados para Fines Científicos de 2010*[52] reconoce la importancia de la utilización de animales en los avances científicos. No obstante, refuerza la

---

a la Protección de los Animales Utilizados para Experimentación y Otros Fines Científicos.

50. Artículo 25.1, 2 y 3 del Convenio Europeo, de 18 de marzo de 1986, *sobre Protección de los Animales Vertebrados Utilizados con Fines Experimentales y Otros Fines Científicos: Los procedimientos practicados con fines de enseñanza, formación o reciclaje para el ejercicio de una profesión u otras actividades, incluidos los cuidados de los animales utilizados o destinados a ser utilizados en los procedimientos [...]. En el campo de la enseñanza, la formación o el reciclaje no se permitirán procedimientos con fines distintos de los mencionados en el anterior apartado. Los procedimientos mencionados en el apartado 1 de este artículo se limitarán a los absolutamente necesarios para los fines de la educación o formación de que se trate y sólo se permitirán si su objetivo no puede conseguirse por métodos audiovisuales de valor comparable u otros métodos adecuados.*

51. MENICALI, Stefania. "La sperimentazione animale. Aspetti giuridici e sociologici". *La Rivista, ADIR, L'altro diritto,* 2003, p. 154.

52. Directiva 2010/63/UE del Parlamento Europeo y del Consejo, de 22 de septiembre de 2010, *relativa a la Protección de los Animales Utilizados para Fines Científicos.*

defensa y el respeto del valor intrínseco del ser animal, representando asimismo un importante avance para la protección del bienestar animal en todos los Estados miembros, con el objetivo de armonizar la legislación vigente[53].

La Directiva *sobre la Protección de los Animales Utilizados para Fines Científicos*[54] ha supuesto un importante avance en materia de bienestar animal por tres motivos: (1) adapta los requisitos generales mínimos a los avances científicos y hace una diferenciación en función de las capacidades cognoscitivas de los animales[55]; (2) amplía el ámbito de aplicación de las

---

53. *Vid.* TREMOLEDA, Jordi. "Comentarios sobre la Directiva Europea 2010/63/EU para la protección de animales de laboratorio". *Revista de Bioética y Derecho.* Revista Nº. 24, 2012 enero, p. 61.

54. Directiva 2010/63/UE del Parlamento Europeo y del Consejo, de 22 de septiembre de 2010, *relativa a la Protección de los Animales Utilizados para Fines Científicos.* Dicha Directiva deroga y sustituye la Directiva 86/609/CEE del Consejo, de 24 de noviembre de 1986, *relativa a la Aproximación de las Disposiciones Legales, Reglamentarias y Administrativas de los Estados Miembros respecto a la Protección de los Animales Utilizados para Experimentación y Otros Fines Científicos,* que fue incorporada a nuestro ordenamiento a través del Real Decreto 223/1988, de 14 de marzo, *sobre Protección de los Animales Utilizados para Experimentación y Otros Fines Científicos,* el cual a su vez fue derogado y sustituido por el Real Decreto 1201/2005, de 10 de octubre, *sobre Protección de los Animales Utilizados para Experimentación y Otros Fines Científicos.*

55. En 1882 se publicó un libro (*vid.* ROMANES, George John. *Animal intelligence.* Ed.: Hesperides Press. Londres, 2006) en cuyo título y contenido se hacía referencia a la inteligencia de los animales, y esta referencia, aunque no tuvo en su momento un impacto significativo, sí ha sido recogida y afirmada posteriormente por otros autores (*vid.* CHAPOUTHIER, Georges. "From animal intelligence to animal rights". En: David FAVRE y Teresa GIMÉNEZ-CANDELA. *Animals and the law.* Ed.: Tirant lo Blanch. Valencia, 2015, pp. 150 y ss; VAUCLAIR, Jacques. *L'intelligence de l'animal.* Ed.: Seuil. Francia, 1995; POUDEYBAT, Emmanuelle. *L'intelligence animale.* Ed.: Odile Jacob. Francia, 2017; y, en último término, es el resultado principal de la Declaración de Cambridge de 2012 (*vid.* Declaración de Cambridge sobre la Conciencia, de julio de 2012. https://es.scribd.com/document/328405686/ Declaracion-de-CAMBRIDGE-Sobre-La-Conciencia-Animal) sobre las capacidades cognoscitivas de los animales, lo que ha tenido un gran impacto en la ciencia y paulatinamente empieza a incorporarse en los textos jurídicos.

normas de protección a los cefalópodos[56] y a determinadas formas fetales de los mamíferos[57]; y (3) establece como principio general la promoción e implementación del "principio de las tres erres", es decir, el reemplazo, la reducción y el refinamiento de los procedimientos, fomentando el uso de métodos alternativos a la experimentación con animales vivos[58].

---

56. *Vid.* Considerando (8) de la Directiva 2010/63/UE del Parlamento Europeo y del Consejo, de 22 de septiembre de 2010, *relativa a la Protección de los Animales Utilizados para Fines Científicos: Además de los animales vertebrados, que comprenden a los ciclóstomos, debe incluirse también a los cefalópodos en el ámbito de aplicación de la presente Directiva, ya que existen pruebas científicas de su capacidad de experimentar dolor, sufrimiento, angustia y daño duradero.*

57. *Vid.* Considerando (9) de la Directiva 2010/63/UE del Parlamento Europeo y del Consejo, de 22 de septiembre de 2010, *relativa a la Protección de los Animales Utilizados para Fines Científicos: La presente Directiva debe aplicarse también a los fetos de los mamíferos, ya que existen pruebas científicas de que esas formas, en el último tercio del período de su desarrollo, tienen un riesgo mayor de experimentar dolor, sufrimiento y angustia, lo cual puede afectar negativamente también a su desarrollo posterior. Hay pruebas científicas que demuestran, además, que la experimentación en fetos y formas embrionarias en una fase de desarrollo poco avanzada puede provocar dolor, sufrimiento, angustia y daño duradero, si esas formas en desarrollo van a vivir más allá de los dos primeros tercios de su desarrollo.* En este sentido, respecto al impacto negativo del sufrimiento que los fetos de los mamíferos pueden tener en su desarrollo posterior, se ofrece como un resultado científico indiscutido el hecho de que el feto se considera objeto de protección jurídica con independencia de la madre. De ahí, la incoherencia de que persista el tratamiento de las crías de los animales como extensión indeleble de la propiedad de la "cosa productora" (es decir, la madre), en aquellos artículos del Código Civil referidos a los frutos (*vid.* Artículos 355 y ss del Real Decreto de 24 de julio de 1889, *por el que se publica el Código Civil*), cuya modificación y adaptación al principio de que los animales son seres sintientes y no meras cosas resulta completamente imprescindible y así, desde luego, figura en la propuesta de modificación.

58. *Vid.* Real Decreto 53/2013, de 1 de febrero, *por el que se establecen las Normas Básicas Aplicables para la Protección de los Animales Utilizados en Experimentación y Otros Fines Científicos, Incluyendo la Docencia.* Este RD transpone la Directiva 2010/63/UE del Parlamento Europeo y del Consejo, de 22 de septiembre de 2010, *relativa a la Protección de los Animales Utilizados para Fines Científicos.* A su vez, dicha Directiva deroga y sustituye la Directiva 86/609/CEE del Consejo, de 24 de noviembre de 1986, *relativa a la Aproximación de*

El concepto de las tres erres (3R) es descrito por primera vez en 1959 por dos científicos británicos; Russell y Burch, estableciéndose así, por primera vez, las técnicas de reemplazo, reducción y refinamiento[59]. *Reemplazo,* se refiere a la situación en la cual las técnicas que utilizan animales pueden ser sustituidas por técnicas de laboratorio o de otro tipo. Existen numerosos ejemplos en los que se ha efectuado este reemplazo, ya sea para el diagnóstico de enfermedades o bien en la constatación y estandarización de agentes terapéuticos. *Reducción,* hace referencia a métodos para obtener niveles comparables de información a partir del menor uso de animales en los procedimientos científicos, o bien para obtener mayor información con el mismo número de animales. Un ejemplo de un reciente progreso en este campo es el del caso de ensayos de toxicidad aguda. Muchos toxicólogos han demostrado que no es necesario el uso de 60 a 200 roedores para generar la dosis letal estadísticamente precisa, sino que esta puede ser perfectamente obtenida usando no más de 10 a 20 animales. *Refinamiento,* se basa en modificaciones de las técnicas para reducir el dolor y el estrés a que están sometidos los animales de experimentación. Por ejemplo, se han desarrollado varios tipos de cubiertas para proteger los catéteres insertados en los animales[60].

---

las Disposiciones Legales, Reglamentarias y Administrativas de los Estados Miembros respecto a la Protección de los Animales Utilizados para Experimentación y Otros Fines Científicos.

59. RUSSELL, William Moy Stratton; BURCH, Rex. *The principles of humane experimental technique.* Ed.: Methuen Publishing. Londres, 1959.

60. *Vid.,* sobre esta cuestión, entre otros, NAVARRO HERNÁNDEZ, Jaime Alonso; RAMÍREZ OJEDA, Roberto Aarón; *et al.* "El reemplazo de los animales en los experimentos, reducción del número y refinamiento de la técnica". *Manual de procedimientos recomendables para la investigación con animales.* Ed.: Samsara. México, 2012, pp. 43 y 44. MÍGUEZ SANTIYÁN, María del Prado; LARGO BERMEJO, Juan Daniel; *et al. Perspectivas de la experimentación...,* cit., pp. 67 y 68.

1.5. LA CONSIDERACIÓN DEL ANIMAL COMO SER VIVO SINTIENTE

El objeto de modificación del Código Civil español es el cambio del estatuto jurídico que permite considerar a los animales como seres sintientes[61], abandonando la calificación legal de estos como bienes muebles[62] sobre los que las personas ejercen el poder como propietario, tal y como se desprendía de la redacción y de la ubicación del articulado del Código Civil español que regulaba las relaciones entre los animales y las personas de esa forma[63].

---

61. Resultaba chocante que los términos "sentiente" o "seres sintientes", que constituían la clave y el instrumento para entender el movimiento de renovación de los Códigos civiles europeos de los últimos años, aún no se hubiesen integrado en nuestro lenguaje técnico jurídico, con referencia a los animales. GIMÉNEZ-CANDELA, Teresa. "El estatuto jurídico de los animales: aspectos comparados". En: Basilio BALTASAR. *El Derecho de los animales.* Ed.: Marcial Pons, Ediciones Jurídicas y Sociales. Madrid, 2015, pp. 167 y ss; GIMÉNEZ-CANDELA, Marita. "Descosificación de los animales en el Cc. español". *Derecho Animal. Forum of Animal Law Studies.* Vol. 9, Revista N°. 3, 2018, p. 9.

62. La Proposición de Ley presentada por el Grupo Parlamentario Popular en el Congreso, *de Modificación del Código Civil, la Ley Hipotecaria y la Ley de Enjuiciamiento Civil, sobre el Régimen Jurídico de los Animales,* en fecha de 10 de octubre de 2017, trata de modernizar y actualizar la legislación civil para adecuarla a la realidad actual, ofreciendo a los aplicadores del Derecho un criterio congruente para resolver los conflictos que se dan en el día a día judicial, y que por el momento obligan a los Tribunales a tener que aplicar una legislación que por no contemplar los intereses más básicos de los animales, resulta anticuada y muy alejada del actual sentir social. En este sentido, diversos Colegios de Abogados de España —Oviedo, Madrid, Álava, Vigo, Lanzarote, Reus, Córdoba y Talavera— han suscrito el manifiesto "La superación del Estatuto Jurídico Civil del animal-cosa como forma de resolución de conflictos" en el que se exige la urgente actualización del Código Civil dirigido a este cambio legal. (*Vid.* Anónimo. *El Colegio de Oviedo lanza un manifiesto para que el Código Civil deje de considerar a los animales como cosas.* CONSEJO GENERAL DE LA ABOGACÍA ESPAÑOLA, 10 de enero de 2018; ALÁEZ CORRAL, Benito. "Algunas claves de la reforma del Estatuto Jurídico Civil del animal en España". *Derecho Animal. Forum of Animal Law Studies.* Vol. 9, Revista N°. 3, 2018, p. 52).

63. *Vid.* Artículos 333, 334, 335, 348, 355, 357, 465, 499, 610, 612, 1491-1499, 1905 del Real Decreto de 24 de julio de 1889, *por el que se publica el Có-*

La promulgación de la Ley se ha llevado a cabo con una clara intención de resolver, con criterios éticamente superiores, un vacío en nuestro ordenamiento jurídico, que no regulaba el estatuto jurídico de los animales de forma diferente al régimen en general sobre las cosas, con la que han quedado constatadas las siguientes premisas: (1) existe el hecho cierto e indubitado de que los animales no son cosas sino seres vivos dotados de sensibilidad, de conformidad con el estado actual de la Ciencia[64], lo que permite afirmar la sintiencia[65] animal como una realidad científica irrefutable[66]; (2) la superación del anacrónico estatuto jurídico del animal como cosa, para no solo adecuarnos al sentir social, ético y jurídico actual, sino también para dar solución a los problemas jurídicos que surgen en la resolución cotidiana de conflictos privados que tienen que dirimirse con una legislación claramente desfasada[67]; y (3) la dotación de seguridad jurídica y de coherencia interna al ordenamiento jurídico español a través de la acomodación de nuestro Derecho al de la Unión Europea, que reconoce a los animales como seres sintientes, en el artículo 13 del TFUE[68].

En efecto, uno de los principios rectores que se han desarrollado en la Unión Europea es el bienestar animal. Este mo-

---

digo Civil.

En este sentido, *vid.,* entre otros, ROGEL VIDE, Carlos. *Los animales en el Código Civil.* Ed.: Reus. Madrid, 2017; GIL MEMBRADO, Cristina. *Régimen Jurídico civil de los animales de compañía.* Ed.: Dykinson. Madrid, 2014.

64. *Vid.* Declaración de Cambridge sobre la Conciencia, de julio de 2012.

65. *Vid.* GIMÉNEZ-CANDELA, Marita. "La descosificación de los animales". *Revista Eletrônica do Curso de Direito da UFSM.* Vol. 12, Revista N°. 1, 2017, pp. 305-308.

66. MENÉNDEZ DE LLANO RODRÍGUEZ, Nuria. "La modernización del estatuto del animal en la legislación civil española". *Derecho Animal. Forum of Animal Law Studies.* Vol. 9, Revista N°. 3, 2018, p. 58.

67. *El Colegio de Oviedo lanza un manifiesto para que el Código Civil deje de considerar a los animales como cosas.* CONSEJO GENERAL DE LA ABOGACÍA ESPAÑOLA, 10 de enero de 2018.

68. MENÉNDEZ DE LLANO RODRÍGUEZ, Nuria. "La modernización del estatuto del animal en la legislación civil española". *Derecho Animal. Forum of Animal Law Studies.* Vol. 9, Revista N°. 3, 2018, p. 66.

delo estratégico de trato preferencial a los animales, ha influido en la ciencia y educación de la Unión Europea, donde se ha incrementado el nivel de conciencia y respeto a los animales que hoy forma parte de la columna vertebral normativa, generando compromisos legislativos a cumplir por los países miembros de la Unión[69].

El reconocimiento de los animales como seres sintientes fue un paso necesario y relevante para la aprobación en España de la Ley *de modificación del Código Civil, la Ley Hipotecaria y la Ley de Enjuiciamiento Civil*[70], lo que, a su vez, es importante en cuanto a la creación de una Ley de objeción de conciencia a la experimentación animal en España por la especial consideración que se debe reconocer a los animales.

La categoría de los animales como seres sintientes ya se había introducido en Declaraciones, Protocolos, en el articulado de los Tratados Constitutivos de la Comunidad Europea, y ahora de la Unión Europea[71]. El artículo 13 del TFUE[72] califica

---

69. ARGÜELLO SACASA, Alberto. "Los animales como seres vivos dotados de sensibilidad ante el interés común en la ganadería nicaragüense y los Acuerdos de la OIE y el OIRSA". *Derecho Animal. Forum of Animal Law Studies*. Vol. 9, Revista N°. 3, 2018, p. 132.

70. Ley 17/2021, de 15 de diciembre, de modificación del Código Civil, la Ley Hipotecaria y la Ley de Enjuiciamiento Civil, sobre el régimen jurídico de los animales.

71. ALONSO GARCÍA, Enrique. "El bienestar de los animales como seres sensibles-sentientes: su valor como principio general, de rango constitucional, en el derecho español". En: Juan Alfonso SANTAMARÍA PASTOR. *Los Principios Generales del Derecho y el Derecho Administrativo*. Ed.: Wolters Kluwer. España, 2010, pp. 1427-1510; WARTEMBERG, Marlene. "Historical, Constitutional and Legal Aspects". En: David FAVRE y Teresa GIMÉNEZ-CANDELA. *Animals and the law*. Ed.: Tirant lo Blanch. Valencia, 2015, pp. 353 y ss.

72. Artículo 13 del Tratado de Funcionamiento de la Unión Europea: *Al formular y aplicar las políticas de la Unión en materia de agricultura, pesca, transporte, mercado interior, investigación y desarrollo tecnológico y espacio, la Unión y los Estados miembros tendrán plenamente en cuenta las exigencias en materia de bienestar de los animales como seres sensibles, respetando al mismo tiempo las disposiciones legales o administrativas y las costumbres de los Estados miembros relativas, en particular, a ritos religiosos, tradiciones culturales y patrimonio regional.*

de forma rotunda y contundente a los animales como seres sensibles, proporcionando con ello una clara e ineludible pauta interpretativa de la legislación de protección animal en los Estados miembros[73]. De esta manera, están obligados a incorporar los principios de la legislación europea en materia de bienestar animal[74] basada en dos premisas: (1) la evidencia científica de la sintiencia animal; y (2) la deconstrucción del principio de propiedad[75] como único elemento generador de la relación entre humanos y animales[76].

La reforma tardía del CC, en sus artículos 333 y 333 bis, diferencia ya claramente los bienes muebles de los animales, tratados hasta ahora como tales, considerándolos seres vivos dotados de sensibilidad, siéndoles aplicables el régimen jurídico de los bienes y de las cosas solo en la medida en que sea compatible con su naturaleza o con las disposiciones destinadas a su protección.

La modificación, aunque formal para adaptarla a la del CC, se ha visto reflejada en la LEC, garantizándose de este modo la consideración real de los animales como seres sintientes, en el artículo 771.2, en el marco de las medidas provisionales previas a la demanda de nulidad, separación o divorcio, en el que se establece que el tribunal no solo acordará lo procedente en relación con la custodia de los hijos y uso de la vivienda, sino que también tendrá en consideración la atribución, convivencia y necesidades de los animales de compañía y ajuar familiares. Los animales no se entregarán como propiedad a aquella persona que los comprara, sino que se tendrán en cuenta sus

---

73. Informe especial sobre *Bienestar animal en la UE: reducir la diferencia entre unos objetivos ambiciosos y su aplicación práctica,* 2018, p. 6.

74. *Vid.* Artículos 1 a 17 del Tratado de Funcionamiento de la Unión Europea, en concreto: artículo 13.

75. Sobre esta cuestión, *vid.,* entre otros, FAVRE, David. *Animal Law. Tier und Recht. Developments and Perspectives in the 21st Century. Entwicklungen und Perspektiven im 21 Jahrhundert.* Ed.: Dike. Zürich, 2012, pp. 418 y ss.

76. GIMÉNEZ-CANDELA, Marita. "Dignidad, Sentiencia, Personalidad: relación jurídica humano-animal". *Derecho Animal. Forum of Animal Law Studies.* Vol. 9, Revista Nº. 2, 2018, pp. 8 y ss.

vínculos afectivos y su bienestar, de forma similar a lo que ocurre con la custodia de los hijos. El artículo 774.4, por su parte, establece que, en defecto de acuerdo de los cónyuges o en caso de no aprobación del mismo, será el tribunal el que determine en la propia sentencia las medidas definitivas que hayan de sustituir a las ya adoptadas con anterioridad en relación con los hijos, la vivienda familiar, las cargas del matrimonio, la atribución, convivencia y necesidades de los animales de compañía, disolución del régimen económico y las cautelas o garantías respectivas, estableciendo las que procedan si para alguno de estos conceptos no se hubiera adoptado ninguna.

El artículo 605 LEC, por su parte, declara absolutamente inembargables los animales de compañía, si bien esta Ley no define qué se entiende por tales[77], en atención al especial vínculo de cariño que les liga con la familia con que conviven, sin perjuicio de la posibilidad de embargar las rentas que estos puedan generar, como pueden ser los premios en concursos.

El Convenio Europeo *sobre protección de animales de compañía,* hecho en Estrasburgo el 13 de noviembre de 1987, del que es parte España entiende en su artículo 1, que son animales de compañía los siguientes: todo aquel que sea tenido o esté destinado a ser tenido por el hombre, en particular en su propia vivienda, para que le sirva de esparcimiento y le haga compañía, añadiendo en su párrafo segundo y tercero que se entenderá por comercio de animales de compañía el conjunto de las transacciones practicadas de manera regular en cantidades considerables y con fines lucrativos que lleve consigo la transmisión de la propiedad de esos animales. Asimismo, se entenderá por cría y custodia comerciales de animales de com-

---

77. No obstante, es importante delimitar qué se entiende por tales, dado que según las estadísticas publicadas por el INE en el año 2021, mientras en España había 6.265.153 niños menores de 14 años, el número de mascotas registradas ascendían a 13.000.000, de los cuales algo más de 7 son perros, de lo que se deduce la necesidad de regular esta realidad social como muestran estos datos estadísticos. INSTITUTO NACIONAL DE ESTADÍSTICA, 2021.

pañía las practicadas principalmente con fines lucrativos y en cantidades considerables.

La Ley 8/2003, de sanidad animal, recoge en su artículo 3, apartado 3, la siguiente definición de animales de compañía: siendo "los animales que tenga en su poder el hombre, siempre que su tenencia no tenga como destino su consumo o el aprovechamiento de sus producciones, hoy no se lleva a cabo, en general, con fines comerciales o lucrativos".

La Ley Hipotecaria también se ha visto modificada en su artículo 111, con el mismo criterio protector que inspira la reforma, mediante el cual *se impide* que se extienda la hipoteca a los animales colocados o destinados en una finca dedicada a la explotación ganadera, industrial o de recreo —criterio integrador de los pactos de extensión ya que simplemente requiere la forma expresa haciéndolo depender de un requisito formal— y se prohíbe el pacto de extensión de la hipoteca a los animales de compañía —criterio negativo o excluyente que parece orientarse en la naturaleza desinteresada de la relación del animal con el ser humano—. Estos criterios parecen responder a la finalidad o al destino de los animales, y servir de elemento solucionador en la hipótesis de doble carácter en la tendencia del animal, como compañía y, al tiempo, como medio u objeto de explotación[78]. En ocasiones, supuestos intermedios como los de la especie de animal de que se trate o la naturaleza del tenedor o titular de los animales, pueden jugar un papel relevante a la hora de dar solución jurídica al caso. Perro o caballo, persona física o jurídica y la mercantilidad o no de cada una de ellas, añadirá a cada caso concreto un nuevo factor para dificultarlo. Según el artículo 3 de la Ley de sanidad animal y el Convenio Europeo, si su destino no es con finalidad de consumo o aprovechamiento de sus productos, y no tienen esa finalidad comercial, sí puede ser calificado animal

---

78. SOLER PASCUAL, Luis Antonio. "¿Qué es un animal de compañía desde la perspectiva de la Ley Hipotecaria?" *Revista Derecho Inmobiliario*. Nº. 112, 2022 noviembre.

de compañía. En el ámbito autonómico, la Ley 4/2016, de 22 de julio, de protección de los animales de compañía de la Comunidad de Madrid, cuando hace una enumeración de los animales que pueden ser de compañía incluye a los équidos utilizados con fines de ocio o deportivo, siempre que su tenencia no tenga como destino su consumo o el aprovechamiento de sus producciones, o no se lleve a cabo coma en general, con fines comerciales o lucrativos. Con independencia de este concepto tan amplio sobre el cual las normas autonómicas pueden legislar, lo que se encuentra clarificado es que cualquier aprovechamiento económico del animal de forma permanente u ocasional, debe llevar a excluir que pueda ser calificado como animal de compañía a los efectos de la ley, por lo que en estos casos sí podría pactarse que la hipoteca se extendiese a dichos animales, o incluso que se pudiesen llegar a embargar.

La creación de una categoría propia de los animales afecta a la clasificación tradicional romana bipartita —personas y cosas— quedando constituida como una tripartición —personas, cosas y animales— mucho más coherente con los cambios que la sociedad, el Derecho y la Legislación Europea venían ya experimentando en relación con la consideración de los animales como seres que no podían seguir estando anclados en un estatus jurídico que, a día de hoy, ya no les correspondía[79].

El sujeto activo del pretendido ejercicio del derecho a la objeción de conciencia a la experimentación con animales es el estudiante, traduciéndose la negativa en la manifestación del sentimiento de repulsión que, lógicamente, se produce al ver el sufrimiento de los animales[80]. Postura que, por supuesto, también pueden adoptar los profesionales de la educación.

---

79. GIMÉNEZ-CANDELA, Marita. "Descosificación de los animales en el Cc. español". *Derecho Animal. Forum of Animal Law Studies*. Vol. 9, Revista N°. 3, 2018, p. 11.

80. *Vid.* PARDO CABALLOS, Antonio. "Ética de la experimentación animal. Directrices legales y éticas contemporáneas". *Cuadernos de Bioética*. Vol. 14, Revista N°. 3, 2005, p. 395.

He podido comprobar —mediante la petición de posibles resoluciones sobre esta materia a todas las universidades públicas de España— que es un tema de hondo calado y de actualidad en nuestra sociedad, una tarea pendiente que es reclamada cada vez más por los estudiantes.

1.6. LA EXPERIMENTACIÓN ANIMAL EN LA NORMATIVA

El Real Decreto *por el que se establecen las Normas Básicas Aplicables para la Protección de los Animales Utilizados en Experimentación y Otros Fines Científicos, Incluyendo la Docencia de 2013* introdujo importantes cambios con respecto a la normativa anterior, al establecer la obligación de velar por el "principio de las tres erres". No obstante, ha resultado necesario introducir ciertos ajustes técnicos a dicho Real Decreto para clarificar su aplicación[81], denotándose así cierto avance en el ámbito de la educación superior.

Es significativa la reforma[82] de la Ley *para el Cuidado de los Animales, en su Explotación, Transporte, Experimentación y Sacrificio*[83] de 2007 ya que, de esta manera, es adaptada a la

---

81. Se emite una comunicación relativa a la posible incoación de un procedimiento de infracción por inadecuada transposición de la Directiva 2010/63/UE del Parlamento Europeo y del Consejo, de 22 de septiembre de 2010, *relativa a la Protección de los Animales Utilizados para Fines Científicos*. En consecuencia, se procede a la tramitación de este proyecto para corregir las deficiencias detectadas por los servicios comunitarios y garantizar así la correcta transposición de la directiva.

Vid. Real Decreto 1386/2018, de 19 de noviembre, por el que se modifica el Real Decreto 53/2013, de 1 de febrero, *por el que se establecen las Normas Básicas Aplicables para la Protección de los Animales Utilizados en Experimentación y Otros Fines Científicos, Incluyendo la Docencia.*

82. Ley 6/2013, de 11 de junio, por la que se modifica la Ley 32/2007, de 7 de noviembre, *para el Cuidado de los Animales, en su Explotación, Transporte, Experimentación y Sacrificio.*

83. Ley 32/2007, de 7 de noviembre, *para el Cuidado de los Animales, en su Explotación, Transporte, Experimentación y Sacrificio.*

evolución de los conocimientos en materia de bienestar de los animales. Por lo que respecta al ámbito de aplicación, en 2007 era muy genérico[84]; sin embargo, la modificación refleja un avance ya que se especifica que se aplicará también a los animales que son utilizados con fines experimentales en el ámbito de la educación superior. Conviene subrayar que el ámbito de aplicación de esta Ley se extiende a los animales vertebrados de producción, los animales, proyectos y procedimientos contemplados en la normativa de la Unión Europea o internacional en la materia de animales utilizados con fines de experimentación u otros fines científicos, incluyendo la educación y la docencia[85]. Cabe también destacar, la supresión de ciertas definiciones[86] que restringían el ámbito subjetivo de aplicación y se recogían en 2007[87], elevando con ello los niveles mínimos de protección de los animales.

La modificación del Real Decreto *por el que se establecen las Normas Básicas Aplicables para la Protección de los Animales Utilizados en Experimentación y Otros Fines Científicos, Inclu-*

---

84. Artículo 2.1 de la Ley 32/2007, de 7 de noviembre, *para el Cuidado de los Animales, en su Explotación, Transporte, Experimentación y Sacrificio: Esta Ley se aplicará a los animales vertebrados de producción o que se utilicen para experimentación y otros fines científicos.*

85. Artículo 2.1.a) y b) de la Ley 6/2013, de 11 de junio, por la que se modifica la Ley 32/2007, de 7 de noviembre, *para el Cuidado de los Animales, en su Explotación, Transporte, Experimentación y Sacrificio.*

86. Las definiciones del artículo 3.b), c) y d), relativas a animales utilizados para experimentación y otros fines científicos, procedimiento, y experimentación y otros fines científicos, incluida la docencia, quedan sin contenido.

87. Artículo 3.b), c) y d) de la Ley 32/2007, de 7 de noviembre, *para el Cuidado de los Animales, en su Explotación, Transporte, Experimentación y Sacrificio: A los efectos de esta Ley, se entenderá por: Animales utilizados para experimentación y otros fines científicos: [...]; Procedimiento: [...]; Experimentación y otros fines científicos, incluida la docencia [...].*

yendo la Docencia[88] en 2018[89] ha sido sustancial respecto a los cambios producidos en el ámbito de la educación superior.

En el nuevo texto se detalla de forma más clara el ámbito de aplicación de la norma. Mientras que en 2013 no estaban incluidos los animales a los cuales se aplicaba el Real Decreto[90]; en 2018 sí lo están de una forma detallada[91].

Respecto al ámbito subjetivo, con la regulación anterior se hacía referencia a cualquier especialista titulado equivalente en lo referente a las funciones consultivas, utilizando el concepto de estado de salud animal, y no de bienestar animal[92]. Con la actual regulación, se introduce la figura del especialista debida-

---

88. Real Decreto 53/2013, de 1 de febrero, *por el que se establecen las Normas Básicas Aplicables para la Protección de los Animales Utilizados en Experimentación y Otros Fines Científicos, Incluyendo la Docencia.*

89. Real Decreto 1386/2018, de 19 de noviembre, por el que se modifica el Real Decreto 53/2013, de 1 de febrero, *por el que se establecen las Normas Básicas Aplicables para la Protección de los Animales Utilizados en Experimentación y Otros Fines Científicos, Incluyendo la Docencia.*

90. Artículo 2.4 del Real Decreto 53/2013, de 1 de febrero, *por el que se establecen las Normas Básicas Aplicables para la Protección de los Animales Utilizados en Experimentación y Otros Fines Científicos, Incluyendo la Docencia: El presente real decreto se aplicará a los animales a los que se refiere la Ley 32/2007, de 7 de noviembre, para el cuidado de los animales, en su explotación, transporte, experimentación y sacrificio. [...].*

91. Artículo 2.4.a) y b) del Real Decreto 1386/2018, de 19 de noviembre, por el que se modifica el Real Decreto 53/2013, de 1 de febrero, *por el que se establecen las Normas Básicas Aplicables para la Protección de los Animales Utilizados en Experimentación y Otros Fines Científicos, Incluyendo la Docencia: El presente real decreto se aplicará [...] y en todo caso a los animales siguientes: Animales vertebrados no humanos vivos, incluidos: Las larvas autónomas para su alimentación, y Los fetos de mamíferos a partir del último tercio de su desarrollo normal; Cefalópodos vivos. [...].*

92. Artículo 14.4.b) del Real Decreto 53/2013, de 1 de febrero, *por el que se establecen las Normas Básicas Aplicables para la Protección de los Animales Utilizados en Experimentación y Otros Fines Científicos, Incluyendo la Docencia: [...] Al menos un veterinario, en adelante el veterinario designado, u otro especialista titulado equivalente, con conocimiento y experiencia en medicina de animales de laboratorio que tendrá, con independencia de las demás actividades que pueda desarrollar, funciones consultivas en relación con el estado de salud y tratamiento de los animales [...].*

mente cualificado que —junto con el veterinario designado—, desarrolla funciones consultivas en relación con el bienestar y el tratamiento de los animales[93] utilizados en experimentación y otros fines científicos, incluida la docencia.

---

93. El artículo 14.4.b) del Real Decreto 1386/2018, de 19 de noviembre, por el que se modifica el Real Decreto 53/2013, de 1 de febrero, *por el que se establecen las Normas Básicas Aplicables para la Protección de los Animales Utilizados en Experimentación y Otros Fines Científicos, Incluyendo la Docencia* queda redactado como sigue: *[...] Al menos un veterinario, en adelante el veterinario designado, con conocimientos y experiencia en medicina de animales de laboratorio, o a un especialista debidamente cualificado, si fuera más apropiado, que tendrá, con independencia de las demás actividades que pueda desarrollar, funciones consultivas en relación con el bienestar y el tratamiento de los animales [...].*

CAPÍTULO 2

LA OBJECIÓN DE CONCIENCIA
A LA EXPERIMENTACIÓN ANIMAL

La objeción de conciencia es una institución muy compleja porque no existe una ley que lo regule y la jurisprudencia que hay es contradictoria[94]. Por si esto fuera poco, el creciente pluralismo ético de nuestras sociedades[95] y los avances científico-tecnológicos son causas que han incrementado la complejidad

---

94. YAGO-DÍEZ RODERA, Zaida. *La objeción de conciencia farmacéutica.* Ed.: Eolas. León, 2020, pp. 8 y 9.

95. Sobre esta cuestión: *vid.,* entre otros, TARODO SORIA, Salvador. "La libertad de conciencia. Características de la definición de *conciencia*. Algunas implicaciones jurídicas. El dinamismo de la conciencia. El pluralismo, condición de la libre formación de la conciencia". *Libertad de conciencia y derechos del usuario de los servicios sanitarios.* Ed.: Servicio Editorial. Universidad del País Vasco/Euskal Herriko Unibertsitatea, 2005, pp. 37-90; TRIVIÑO CABALLERO, Rosana. "Delimitación conceptual y tratamiento jurídico de la objeción de conciencia. Las diversas definiciones de la objeción de conciencia". *El peso de la conciencia. La objeción en el ejercicio de las profesiones sanitarias.* Ed.: Plaza y Valdés. Madrid-México, 2014, pp. 87-163; PRIETO SANCHÍS, Luis. "Principios constitucionales del derecho eclesiástico español". En: IBÁN PÉREZ, Iván Carlos.; PRIETO SANCHÍS, Luis; MOTILLA, Agustín. *Curso de Derecho Eclesiástico.* Ed.: Servicio de Publicaciones de la UCM. Madrid, 1991, pp. 173-216; LLAMAZARES CALZADILLA, María Cruz. *Las libertades de expresión e información como garantía del pluralismo democrático.* Ed.: Civitas. Madrid, 1999, pp. 43 y ss.

y dificultad[96] de la objeción de conciencia a la experimentación animal[97].

2.1. CONCEPTO Y ELEMENTOS

En este apartado se expondrá el concepto general de objeción de conciencia, se describirán sus elementos y se analizará si existe necesidad de contar o no con un reconocimiento legal de la objeción de conciencia para poder ejercitarla.

a) Concepto general de objeción de conciencia

La objeción de conciencia, según la definición clásica de BERTOLINO, significa la negativa del individuo a obedecer un deber jurídico de carácter imperativo, motivado por la presencia en el fuero de su conciencia de un imperativo contrario al comportamiento pretendido jurídicamente[98].

Para NAVARRO VALLS y MARTÍNEZ TORRÓN, "el concepto de objeción de conciencia incluye toda pretensión contraria a la norma (o contrato por ella tutelado) motivada por razones axiológicas —no meramente psicológicas— de contenido primordialmente religioso o ideológico, ya tenga por objeto la elección menos lesiva para la propia conciencia entre las alternativas previstas en la norma, eludir el comportamiento contenido en el imperativo legal o la sanción prevista por su incum-

---

96. *Vid.* MONTERO VEGA, Adela; GONZÁLEZ ARAYA, Electra. "La objeción de conciencia en la práctica clínica". *Acta Bioethica.* Vol. 17, Revista N°. 1, 2011, pp. 123-131.

97. *Vid.* DICKENS, Bernard; COOK, Rebecca. "The scope and limits of Conscientious Objection". *International Journal of Gynecology and Obstetrics.* Vol. 71, Revista N°. 1, 2000, pp. 71-77; CARDIA, Carlo. "Tra il diritto e la morale. Obiezione di coscienza e legge". *Stato, Chiese e pluralismo confessionale.* Vol. 1, Revista N°. 1, 2009, pp. 1-29.

98. BERTOLINO, Rinaldo. *L'obiezione di coscienza negli ordinamenti giuridici contemporanei.* Torino, 1967, pp. 8 y 9.

plimiento o, aceptando el mecanismo represivo, lograr la alteración de la ley contraria al personal imperativo ético"[99].

LLAMAZARES FERNÁNDEZ, por su parte, subraya que la objeción de conciencia es una reacción individual ante una auténtica contradicción entre norma de conciencia y norma jurídica, y no ante la mera discordancia entre una conducta que la conciencia individual considera de libre decisión personal y el Derecho[100].

Una característica común a las diversas definiciones de objeción de conciencia anteriormente expuestas es la existencia de un imperativo jurídico que obligue o prohíba al sujeto actuar de una determinada manera[101]. La pretensión de quien percibe esa contradicción puede adoptar cuatro vías; bien que el ordenamiento le libere, por vía de excepción, de la obligación general; bien que le permita sustituir el cumplimiento de esa obligación general por otra (sustitutoria); o bien, que le permita elegir entre dos actividades (alternativa); y por último, incumplir lisa y llanamente la norma y arrostrar las consecuencias jurídicas desfavorables previstas por el ordenamiento[102].

La Constitución Española no establece en su articulado un derecho genérico a la objeción de conciencia. El artículo 16.1 de la Constitución reconoce la libertad ideológica y religiosa, pero no contempla la protección iusfundamental de comporta-

99. NAVARRO-VALLS, Rafael; MARTÍNEZ-TORRÓN, Javier. *Las objeciones de conciencia...*, op. cit., pp. 14 y 15.

100. LLAMAZARES FERNÁNDEZ, Dionisio, (con la colaboración de LLAMAZARES CALZADILLA, María Cruz). *Derecho de la libertad de conciencia. Libertad de conciencia, identidad personal y solidaridad*. Ed.: Civitas. Navarra, 2007, p. 351.

101. CASTRO JOVER, Adoración. "La libertad de conciencia y la objeción de conciencia individual en la jurisprudencia constitucional española". En: Javier MARTÍNEZ TORRÓN. *La libertad religiosa y de conciencia ante la justicia constitucional*. Ed.: Comares. Granada, 1998, Actas del VIII Congreso Internacional del Derecho Eclesiástico del Estado, Granada, 13-16 de mayo de 1997, p. 133.

102. LLAMAZARES FERNÁNDEZ, Dionisio, (con la colaboración de LLAMAZARES CALZADILLA, María Cruz). *Derecho de la libertad de conciencia...*, op. cit., p. 352.

mientos contrarios a la norma por motivos de conciencia en términos generales[103]. Existen, únicamente, dos menciones puntuales en los artículos 20.1.d) CE[104] y 30.2 CE[105]; que aluden a la cláusula de conciencia para los periodistas y a la objeción de conciencia como causa de exención del servicio militar, sin que de su literalidad pueda extraerse aplicación alguna para otras situaciones[106], siendo desarrolladas por ley ambas previsiones constitucionales[107].

Hay dos teorías sobre la concepción de la objeción de conciencia: una que sostiene que es un derecho fundamental de

---

103. TRIVIÑO CABALLERO, Rosana. *El peso de la conciencia...*, op. cit., pp. 127 y 128.

104. *Vid.* Artículo 20.1.d) de la Constitución. En el Dictamen de la Comisión de Asuntos Constitucionales y Libertades Públicas del Congreso se introdujo la referencia a la cláusula de conciencia y al secreto profesional en el ejercicio de la libertad de información.

105. *Vid.* Artículo 30.2 de la Constitución. El establecimiento de deberes militares en la Constitución Española de 1978 no es una novedad, teniendo antecedentes en la mayor parte de los textos históricos de nuestro país. El artículo 361 de la Constitución de 1812 establecía lo siguiente: *ningún español podrá excusarse del servicio militar cuando y en la forma que fuere llamado por la ley.* Por su parte, las constituciones de 1837 (art. 6), de 1845 (art. 6), de 1856 (art. 7), de 1869 (art. 26), de 1873 (art. 30), y la de 1876 (art. 3), establecían con idéntica redacción que *todo español está obligado a defender la Patria con las armas, cuando sea llamado por la ley.* Finalmente, la Constitución de 1931 (art. 37) establecía: *el Estado podrá exigir de todo ciudadano su prestación personal para servicios civiles o militares, con arreglo a las leyes.* Sin embargo, la objeción de conciencia no tiene precedente en nuestro constitucionalismo histórico.

106. TRIVIÑO CABALLERO, Rosana. *El peso de la conciencia...*, op. cit., p. 128.

107. Ley Orgánica 2/1997, de 19 de junio, *reguladora de la Cláusula de Conciencia de los Profesionales de la Información.*
Ley 22/1998, de 6 de julio, *reguladora de la Objeción de Conciencia y de la Prestación Social Sustitutoria, que deroga la Ley 48/1984, de 26 de diciembre, reguladora de la Objeción de Conciencia y de la Prestación Social Sustitutoria* para elaborar un nuevo texto legal como consecuencia de algunas insuficiencias y limitaciones, unidas a críticas procedentes de diversos sectores de la juventud, al objeto de garantizar el ejercicio del derecho constitucional de objeción de conciencia y mejorar, al mismo tiempo, las condiciones de cumplimiento de la prestación social sustitutoria.

aplicación directa[108] y otra que es un derecho constitucional autónomo que requiere de intervención del legislador para adquirir eficacia[109].

Los reconocimientos legales de la objeción de conciencia se encuentran, a nivel estatal, en los artículos 19.2 de la Ley Orgánica 2/2010, de 3 de marzo, *de Salud Sexual y Reproductiva y de la Interrupción Voluntaria del Embarazo*[110] y, 16.1 de la Ley Orgánica 3/2021, de 24 de marzo, *de Regulación de la Eutanasia*[111].

---

108. *Vid.* STC 53/1985, de 11 de abril, FJ 14, párr. 4.

109. *Vid.* SSTC 15/1982, de 23 de abril, FJ 6; STC 160/1987, de 27 de octubre, FJ 3, párr. 2; STC 161/1987, de 27 de octubre, FJ 3.

110. Artículo 19.2 de la Ley Orgánica 2/2010, de 3 de marzo, *de Salud Sexual y Reproductiva y de la Interrupción Voluntaria del Embarazo.* En dicha Ley se regulan los supuestos legalmente admitidos para la interrupción de la gestación que han de ser proporcionados por el sistema sanitario, admitiendo el derecho a objetar de los profesionales para quienes esta provisión suponga contravenir sus convicciones. La objeción de conciencia se define en la Ley como una opción individual que debe manifestarse anticipadamente y por escrito, sin que ello obste para que las mujeres sean atendidas adecuadamente antes y después del proceso, facilitando el servicio público la prestación en tiempo. Se prevé en la Ley un supuesto excepcional; que el servicio público de salud no pueda facilitar en tiempo la prestación. En ese caso, se establece la obligación, por parte de la Administración, de garantizar a las usuarias la prestación del servicio, reconociendo así las autoridades sanitarias a la mujer embarazada el derecho a acudir a cualquier centro acreditado en territorio nacional.

111. Artículo 16.1 de la Ley Orgánica 3/2021, de 24 de marzo, *de Regulación de la Eutanasia.* Esta Ley establece los requisitos para que las personas puedan solicitar la prestación de ayuda para morir y las condiciones para su ejercicio, permitiendo el ejercicio del derecho a la objeción de conciencia de los profesionales sanitarios directamente implicados en la prestación de ayuda para morir. Dicha decisión debe ser individual, siendo necesario manifestarse anticipadamente y por escrito. Asimismo, las declaraciones de objeción de conciencia tienen que inscribirse en un registro de profesionales sanitarios objetores de conciencia con objeto de facilitar la necesaria información a la administración sanitaria para que esta pueda garantizar una adecuada gestión de la prestación de ayuda para morir. TARODO SORIA, S., TRIVIÑO CABALLERO, R., *et. al.,* "Eutanasia y libertad de conciencia: derechos y obligaciones profesionales", *AMF.* Vol. 18, Revista N°. 5, 2022, pp. 272-278.

b) Definición específica de la objeción de conciencia a la experimentación animal

No es fácil encontrar una definición específica de la objeción de conciencia a la experimentación animal, partiendo de la definición general de objeción de conciencia que acaba de exponerse, es posible proponer una definición específica de objeción de conciencia a la experimentación animal.

La objeción de conciencia a la experimentación animal puede definirse como una forma de incumplimiento de una obligación de naturaleza legal —que en este caso es la experimentación con animales en el ámbito de la educación superior—, cuyo acatamiento o realización produciría en la persona una grave lesión de su conciencia —del que deriva la correlativa negativa a la experimentación animal—, con base en motivaciones de índole ético, moral, religioso, axiológico o de justicia del individuo objetor[112].

La objeción de conciencia a la experimentación animal puede ser la invocada por las personas integradas en centros de trabajo, de investigación o estudio, donde las actividades desarrolladas impliquen, en el presente o en el futuro, un daño para los seres vivos, como sucede en el ámbito de la docencia basada en la *experimentación con animales* por sus potenciales implicaciones éticas, legales y sociales[113].

---

112. Sobre esta cuestión: *vid.,* entre otros, MARTÍNEZ URIONABARRENE-TXEA, Koldo. "Medicina y objeción de conciencia". *Anales Sistema Sanitario de Navarra.* Vol. 30, Revista N°. 2, 2007, pp. 215-223; APARISI MIRALLES, Ángela; LÓPEZ GUZMÁN, José. "El derecho a la objeción de conciencia en el supuesto del aborto". *Persona y bioética.* Vol. 10, Revista N°. 1, 2006 enero-junio, pp. 35-51.

113. *Vid.* SIEIRA MUCIENTES, Sara. *La objeción de conciencia sanitaria.* Ed.: Dykinson. Madrid, 2000, p. 247.

c) Elementos de la objeción de conciencia

Podríamos resumir así el esquema básico de la objeción de conciencia de la siguiente manera; (1) en primer lugar, debemos estar ante una norma jurídica imperativa; (2) en segundo lugar, ante una norma moral por parte del objetor, esto es, la negativa del individuo —motivado por razones axiológicas (y no meramente psicológicas), éticas, morales, religiosas o de justicia del individuo objetor— a obedecer un mandato de la autoridad; y (3) por último, cabe interrogarse sobre si es necesario que esté prevista la excepción al cumplimiento de una norma jurídica imperativa, pues de lo contrario estaríamos ante una figura afín, pero distinta de la objeción de conciencia, como sería la desobediencia civil.

d) ¿Existe necesidad de reconocimiento legal de la objeción de conciencia para poder ejercitarla?

Parte de la doctrina, afirma que no es necesaria una ley de reconocimiento de la objeción de conciencia ya que los pronunciamientos jurisprudenciales también pueden reconocer dicha institución[114]. Sostienen que, más allá de los específicos supuestos expresamente contemplados por la Constitución y la Ley, surge un derecho a la objeción de conciencia de alcance general incluido dentro del art. 16.1 CE. La idea básica de quienes sostienen esta postura es que la libertad religiosa e ideológica garantiza no solo el derecho a tener o no tener las creencias que cada uno estime convenientes, sino también el derecho a comportarse en todas las circunstancias de la vida con arreglo a las propias creencias[115]. Otra parte, por contra, sostiene que el derecho a la objeción de conciencia debe ser regulado

---

114. PECES-BARBA MARTÍNEZ, Gregorio. *Un compendio de errores y engaños*. EL PAÍS, 29 de agosto de 2009.

115. STS, Sala de lo Contencioso, de 11 de febrero de 2009.

por las Cortes Generales, ya que si no existe una ley que permita la excepción, no cabe la objeción de conciencia[116]. Esta es una cuestión muy problemática, por dos órdenes de razones:

1°) Una interpretación sistemática del texto constitucional no conduce en absoluto a afirmar un reconocimiento general de la objeción de conciencia. Incluso, pasando por alto que la previsión expresa de un derecho a la objeción de conciencia al servicio militar en el artículo 30.2 no tendría mucho sentido si existiese un derecho a la objeción de conciencia de alcance general dimanante del artículo 16, es lo cierto que el tenor de este último precepto constitucional dista de abonar la tesis de que la libertad religiosa e ideológica comprende el derecho a comportarse siempre y en todos los casos con arreglo a las propias creencias. La libertad religiosa e ideológica no solo encuentra un límite en la necesaria compatibilidad con los demás derechos y bienes constitucionalmente garantizados, que es algo común a prácticamente todos los derechos fundamentales, sino que topa con un límite específico y expresamente establecido en al artículo 16.1 de la Constitución: "el mantenimiento del orden público protegido por la ley". El constituyente nunca pensó que las personas pueden comportarse siempre según sus propias creencias, sino que tal posibilidad termina allí donde comienza el orden público.

2°) En contraposición a la dudosa existencia en la Constitución de un derecho a comportarse en todas las circunstancias con arreglo a las propias creencias, se alza el mandato inequívoco y, desde luego, de alcance general del art. 9.1 CE: "Los ciudadanos y los poderes públicos están sujetos a la Constitución y al resto del ordenamiento jurídico". Esto es un mandato incondicionado de obediencia al derecho; derecho que, además, en la Constitución española es el elaborado por procedi-

---

116.   CAAMAÑO, Francisco. *No cabe la objeción de conciencia de los médicos con el aborto*. ABC, 12 de agosto de 2009.

mientos propios de una democracia moderna. A ello hay que añadir que el reconocimiento de un derecho a la objeción de conciencia de alcance general, con base en el art. 16.1 CE, equivaldría en la práctica a hacer depender la eficacia de las normas jurídicas de su conformidad con cada conciencia individual, lo que supondría socavar los fundamentos mismos del Estado democrático de derecho.

Un sector de la doctrina afirma que, únicamente en caso de encontrarnos ante un deber jurídico de carácter privado no es necesario el reconocimiento legal de la excepción, por no tener esa dimensión de garantías institucionales o no ser generales por no responder a uno de los deberes tipificados como generales en la propia Constitución, independientemente de que sean obligaciones nacidas de la ley o de una relación contractual o estatutaria, pero sí lo es tratándose de deberes jurídicos de carácter público[117]. CASTRO JOVER afirma que la existencia de una norma imperativa (sea estatal o contractual) sirve de límite a la actuación de acuerdo con la conciencia si la norma no ha previsto la excepción a su cumplimiento por motivos de conciencia[118].

2.2. EL FUNDAMENTO NORMATIVO DE LA OBLIGATORIEDAD DE EXPERIMENTAR CON ANIMALES EN LA EDUCACIÓN SUPERIOR

La obligación de naturaleza legal consistente en realizar experimentaciones con animales en el ámbito educativo superior tiene su base en la norma jurídica imperativa proveniente de la

---

117.   LLAMAZARES FERNÁNDEZ, Dionisio., (con la colaboración de LLAMA-ZARES CALZADILLA, María Cruz). "Conciencia y Derecho. Libertad de conciencia y libertad de comportamiento. Objeciones de conciencia. Necesidad de interpositio legislatoris". *Derecho de la libertad de conciencia. Libertad de conciencia, identidad personal y solidaridad.* Ed.: Civitas. Navarra, 2007, pp. 341 y ss.

118.   CASTRO JOVER, Adoración. "La libertad de conciencia y la objeción de conciencia individual...", op. cit., p. 173.

normativa básica del Estado[119] y la normativa universitaria[120], descansando la obligatoriedad de realizar prácticas con animales de forma común a ambas normativas en la CE, en concreto en el artículo 27.5, que establece la competencia exclusiva del Estado sobre la programación general de la enseñanza; en el artículo 27.8, ya que los poderes públicos están facultados para inspeccionar y homologar el sistema educativo, constituyendo la homologación de los títulos obtenidos por los estudiantes una consecuencia del derecho a la educación y no un mero resultado del ejercicio de la facultad estatal; y en el artículo 27.10, que reconoce el derecho a la autonomía universitaria.

En el apartado en el cual se ha estudiado los elementos de la objeción de conciencia, se ha puesto de relieve cómo la objeción de conciencia necesita de una norma jurídica de carácter imperativo. En este capítulo, vamos a estudiar de dónde nace la obligatoriedad jurídica de experimentar con animales en la educación superior.

a) La configuración de la enseñanza como servicio público

La enseñanza de carácter superior, tanto en España como en Italia, está configurada como servicio público. Esto significa que el Estado tiene la obligación de aprobar la legislación básica sobre esta materia y de controlar que se cumplan las condiciones que garantizan la función pública de este servicio[121].

---

119.   Ley Orgánica 2/2023, de 22 de marzo, *del Sistema Universitario.*

Real Decreto 822/2021, de 28 de septiembre, *por el que se establece la Organización de las Enseñanzas Universitarias y del Procedimiento de Aseguramiento de su Calidad.*

Real Decreto 1791/2010, de 30 de diciembre, *por el que se aprueba el Estatuto del Estudiante Universitario.*

120.   Para visualizar la normativa universitaria de todas las universidades públicas españolas, de forma conjunta, *vid.* Código de Universidades de 29 de diciembre de 2023. www.boe.es/biblioteca_juridica/

121.   TARODO SORIA, Salvador. "Libertad de conciencia y servicios sanitarios prestados por entes confesionales concertados con el Estado". En: Giovan-

b) La competencia exclusiva del Estado para planificar la enseñanza y homologar los títulos

El Estado tiene atribuida la competencia exclusiva de la regulación de las condiciones de obtención, expedición y homologación de títulos académicos y profesionales —existiendo asimismo un Registro Nacional de Titulados Universitarios Oficiales—[122] y de las normas básicas para el desarrollo del artículo 27 CE, a fin de garantizar el cumplimiento de las obligaciones de los poderes públicos en esta materia[123].

El Real Decreto *sobre Expedición de Títulos Universitarios Oficiales*[124] —dictado al amparo de lo dispuesto en el artículo 149.1.30º CE— establece el Registro Nacional de Titulados Uni-

---

ni CIMBALO. *Federalismo fiscale, principio di sussidiarietà e neutralità dei servizi sociali erogati. Esperienze a confronto.* Ed.: Bononia University Press, Bologna, 2006, Atti del Convegno di Ravenna, 4-6 maggio 2006, a cura di Antonello De Oto e Federica Botti introduzione di Giovanni Cimbalo, pp. 227-277; CASTRO JOVER, Adoración. "La libertad de conciencia y la objeción de conciencia individual en la jurisprudencia constitucional española". En: Javier MARTÍNEZ TORRÓN (Ed.). *La libertad religiosa y de conciencia ante la justicia constitucional.* Ed.: Comares, Granada, 1998, Actas del VIII Congreso Internacional del Derecho Eclesiástico del Estado, Granada, 13-16 de mayo de 1997, pp. 133-186.

122.   Artículo 4.1 del Real Decreto 1002/2010, de 5 de agosto, *sobre Expedición de Títulos Universitarios Oficiales.*

123.   *Vid.* Artículo 149.1.30º de la Constitución Española.

124.   Real Decreto 1002/2010, de 5 de agosto, *sobre Expedición de Títulos Universitarios Oficiales.* Este Real Decreto tiene el carácter de norma básica y se dicta al amparo del artículo 149.1.30º de la Constitución, que atribuye al Estado las competencias para la regulación de las condiciones de obtención, expedición y homologación de los títulos académicos y profesionales y normas básicas para el desarrollo del artículo 27 de la Constitución, a fin de garantizar el cumplimiento de las obligaciones de los poderes públicos en esta materia. En su tramitación se ha consultado a las Comunidades Autónomas en el seno de la Conferencia General de Política Universitaria y de la Conferencia de Educación, al Consejo de Universidades, al Consejo Escolar del Estado, y al Consejo de Estudiantes Universitario del Estado.

versitarios Oficiales[125], siendo competente el Estado para homologar los títulos contenidos en tal Registro.

En Italia, el Estado también tiene competencia exclusiva para regular la educación superior, atribuida por la Ley *sobre la Reforma de los Sistemas de Enseñanza Universitaria*[126].

c) Autonomía universitaria para diseñar los planes de estudio e investigación y expedir los títulos

Más allá de los contenidos anteriormente descritos que debe establecer el Estado en cumplimiento de su exclusiva competencia de programación general de la enseñanza y de homologación de los estudios —y en base a lo dispuesto en el artículo 149.3 CE—, las universidades tienen autonomía para regular lo que no concierne al Estado, reconocida en el artículo 27.10 CE[127]. En Italia, a diferencia de España, se reconoce la autonomía universitaria didáctica no en la Constitución Italiana, sino por el legislador, en la Ley *sobre la Reforma de los Sistemas de Enseñanza Universitaria*[128].

---

125.   Artículo 4.1 del Real Decreto 1002/2010, de 5 de agosto, *sobre Expedición de Títulos Universitarios Oficiales: Sin perjuicio de los Registros Universitarios de Títulos Oficiales de cada universidad, se crea en el Ministerio de Educación el Registro Nacional de Titulados Universitarios Oficiales [...]*.

126.   Ley N°. 341, de 19 de noviembre de 1990, *sobre la Reforma de los Sistemas de Enseñanza Universitaria*.

127.   El artículo 27.10 de la Constitución Española reconoce la *autonomía universitaria*. En el íter legislativo del último apartado del artículo 27 se llegó a un texto final, más garantista que el propuesto en el principio de su tramitación parlamentaria cuando solo contenía una mera remisión a la ley. La fórmula *se reconoce la autonomía universitaria en los términos que la ley establezca*, aunque mantenga esa remisión y presente el derecho como típico de configuración legal —SSTC 24/1987, de 25 de febrero y 85/1992, de 6 de junio—, no se realiza en blanco sino que, como se ha afirmado, impone límites al legislador, máxime si tal y como apunta el Tribunal Constitucional, estamos ante un derecho fundamental —SSTC 26/1987, de 27 de febrero; 55/1989, de 23 de febrero y 130/1991, de 6 de junio—.

128.   Artículo 11.1 y .2 de la Ley N°. 341, de 19 de noviembre de 1990, *sobre la Reforma de los Sistemas de Enseñanza Universitaria*.

Las universidades son entidades, públicas o privadas[129], con personalidad jurídica propia, dotadas de autonomía por el artículo 27.10 de la CE. Su fin —de acuerdo con la Ley Orgánica del Sistema Universitario—, es prestar el servicio público de la educación superior mediante la investigación, la docencia y el estudio[130].

Así, en ejercicio de esta autonomía las universidades pueden configurar el contenido de sus títulos universitarios y pueden exigir, si se considera necesario para adquirir las competencias, determinadas asignaturas prácticas —consistentes en experimentación con animales— de las cuales depende la nota de los estudiantes.

La autonomía universitaria aparece desarrollada en el Real Decreto *por el que se establece la Ordenación de las Enseñanzas Universitarias Oficiales*[131] que siguiendo los principios sentados por la Ley *de Universidades*[132], profundiza en la concepción y expresión de la autonomía universitaria[133], adoptando una serie de medidas que flexibilizan la organización de las ense-

---

129. Ley Orgánica 2/2023, de 22 de marzo, *del Sistema Universitario.*
130. Artículos 2, 11, 23 de la Ley Orgánica 2/2023, de 22 de marzo, *del Sistema Universitario.*
131. Real Decreto 822/2021, de 28 de septiembre, *por el que se establece la Organización de las Enseñanzas Universitarias y del Procedimiento de Aseguramiento de su Calidad.*
132. Real Decreto 822/2021, de 28 de septiembre, *por el que se establece la Organización de las Enseñanzas Universitarias y del Procedimiento de Aseguramiento de su Calidad.* sigue los principios sentados por la Ley Orgánica 2/2023, de 22 de marzo, *del Sistema Universitario.* Así, profundiza en la concepción y expresión de la autonomía universitaria, de modo que son las propias Universidades las que crean y proponen —de acuerdo con las reglas establecidas— las enseñanzas y títulos que imparten y expiden, sin sujeción a la existencia de un catálogo previo establecido por el Gobierno.
133. La titularidad del derecho a la autonomía universitaria no corresponde sino a cada universidad que lo ejerce a través de sus órganos (*vid.* STC 235/1991, de 12 de diciembre, FJ 1, párr. 2. *[...] La configuración constitucional de la autonomía universitaria es la propia de un derecho fundamental (art. 27.10), cuya titularidad ostentan las Universidades [...]*).

ñanzas universitarias, promoviendo la diversificación curricular y permitiendo que las universidades aprovechen su capacidad de innovación, sus fortalezas y oportunidades.

Cabe destacar que la actual organización de las enseñanzas universitarias, por tanto, se basa en dos novedades; (1) un cambio estructural que responde al procedimiento para la aprobación del plan de estudios universitarios sobre la base de la autonomía universitaria[134]; y (2) el impulso de una modificación en las metodologías docentes[135], que centra el objetivo en el proceso de aprendizaje del estudiante. En Italia, siendo muy similar a España, los planes de estudios son elaborados por los Consejos de las estructuras didácticas de las universidades[136].

Especial mención merece el artículo 13 del Real Decreto *por el que se aprueba el Estatuto del Estudiante Universitario*[137], que establece, por una parte, la *obligación genérica* de todos los estudiantes de asistir a clase[138], precisándose asimismo la *obligación concreta* de participar activamente en las actividades académicas que sean de ayuda para su completa forma-

---

134. Artículo 3 de la Ley Orgánica 2/2023, de 22 de marzo, *del Sistema Universitario.*

135. En el ámbito de la experimentación animal en la educación superior, este cambio, por el momento, no ha sido llevado a cabo por ninguna Universidad de España (Anexos VII y VIII, sobre las resoluciones relativas a la objeción de conciencia a la experimentación con animales de las Universidades de Zaragoza y Madrid). No obstante, a mi juicio, las universidades deben adoptar la vía establecida en el Real Decreto 1393/2007, de 29 de octubre, *por el que se establece la Ordenación de las Enseñanzas Universitarias Oficiales* para llevar cabo dicho cambio (los sistemas alternativos a la experimentación con animales).

136. Artículo 11.2 de la Ley N°. 341, de 19 de noviembre de 1993, *sobre la Reforma de los Sistemas de Enseñanza Universitaria.*

137. Real Decreto 1791/2010, de 30 de diciembre, *por el que se aprueba el Estatuto del Estudiante Universitario.*

138. Artículo 13.1 del Real Decreto 1791/2010, de 30 de diciembre, *por el que se aprueba el Estatuto del Estudiante Universitario: Los estudiantes universitarios deben asumir el compromiso de tener una presencia activa y corresponsable en la universidad, deben conocer su universidad, respetar sus Estatutos y demás normas de funcionamiento aprobadas por los procedimientos reglamentarios.*

ción[139]. En Italia, estos derechos y deberes no se encuentran regulados en la Ley.

2.3. LA POSIBILIDAD DE RECONOCIMIENTO LEGAL DE LA EXCEPCIÓN: ESPAÑA VERSUS ITALIA

Dado que la experimentación animal en la educación superior genera un deber jurídico de carácter público, derivado de una norma imperativa, su excepción necesitará estar contemplada por el legislador, como hemos visto anteriormente.

Una de las respuestas que el ordenamiento da a la contradicción entre la norma jurídica de carácter imperativo y el deber ético, es la liberación —por vía de excepción— de la obligación de experimentar con animales en la enseñanza superior[140]. En este sentido, si bien hay supuestos en los que debe haber objeción de conciencia, este derecho debe ser regulado por las Cortes Generales, ya que si no existe una ley que permita la excepción, no cabe la objeción de conciencia[141].

En Italia, sí está prevista la excepción a la norma imperativa personificada en la Ley *de Objeción de Conciencia a la Experimentación con Animales.* Sin embargo, en España solo existe normativa relativa a la experimentación animal, pero no contempla de forma expresa la excepción.

---

139. Artículo 13.2.a) del Real Decreto 1791/2010, de 30 de diciembre, *por el que se aprueba el Estatuto del Estudiante Universitario: Entendidos como expresión de ese compromiso, los deberes de los estudiantes universitarios serán los siguientes: El estudio y la participación activa en las actividades académicas que ayuden a completar su formación.*

140. *Vid.* LLAMAZARES FERNÁNDEZ, Dionisio., (con la colaboración de LLAMAZARES CALZADILLA, María Cruz). "Conciencia y Derecho. Libertad de conciencia y libertad de comportamiento. Objeciones de conciencia. Definición". *Derecho de la libertad de conciencia. Libertad de conciencia, identidad personal y solidaridad.* Ed.: Civitas. Navarra, 2007, pp. 341-486.

141. CAAMAÑO, Francisco. *No cabe la objeción de conciencia de los médicos con el aborto.* ABC, 12 de agosto de 2009.

El derecho a la objeción de conciencia está configurado para unos como un derecho fundamental —no obstando que parte de la doctrina defiende que es un derecho constitucional no fundamental de configuración legal—[142]. Para otros como un derecho fundamental de aplicación directa[143]. En cualquier caso, es una manifestación del derecho de libertad de conciencia, es, por tanto, parte integrante de un derecho fundamental, pero de naturaleza y ejercicio excepcional que, para su exigibilidad, necesita ser reconocido siempre, siendo diferente la forma de reconocimiento[144].

Si la obligación a la que se objeta es una obligación de carácter público, ese reconocimiento ha de hacerse expresamente —reconocimiento explícito, *nominatim* o no— por la misma Constitución o por ley, como es el caso de la objeción de conciencia a la experimentación animal en la educación superior en Italia; único país en el que —acertadamente— existe una Ley *de Objeción de Conciencia a la Experimentación con Ani-*

---

142.   *Cfr.* BELTRÁN AGUIRRE, Juan Luis. *La objeción de conciencia de los profesionales sanitarios*. Vol. 13, Revista N°. 1, 2005 enero-junio. En este sentido, BELTRÁN AGUIRRE afirma que la objeción de conciencia, como derecho constitucional no fundamental de configuración legal, es una concreción implícita del derecho fundamental a la libertad ideológica y religiosa reconocido en el artículo 16.1 de la Constitución, pero necesitado de regulación legal para su ejercicio. De ahí que no sea propiamente un derecho fundamental.

143.   NAVARRO-VALLS, Rafael; MARTÍNEZ-TORRÓN, Javier., (con la colaboración de Rafael Palomino y Vincenzo Turchi). El problema de su cobertura jurídica. *Las objeciones de conciencia en el derecho español y comparado*. Ed.: McGRAW-HILL/Interamericana De España. Madrid, 1997, pp. 1 y 9; SIEIRA MUCIENTES, Sara. *La objeción de conciencia sanitaria*. Ed.: Dykinson. Madrid, 2000; MARTÍN SÁNCHEZ, Isidoro. *La objeción de conciencia del personal sanitario*. *Libertad religiosa y Derecho sanitario*. Ed.: Fundación Universitaria Española. Madrid, 2007, pp. 49-110.

144.   LLAMAZARES FERNÁNDEZ, Dionisio., (con la colaboración de LLAMAZARES CALZADILLA, María Cruz). "Conciencia y Derecho. Libertad de conciencia y libertad de comportamiento. Objeciones de conciencia. Naturaleza jurídica del derecho de objeción de conciencia". *Derecho de la libertad de conciencia. Libertad de conciencia, identidad personal y solidaridad*. Ed.: Civitas. Navarra, 2007, pp. 341-486.

males. Por contra, si la obligación no es de carácter general sino personal (privado o particular), el reconocimiento debe hacerse por el estatuto o el contrato correspondientes[145], siendo posible en este caso la objeción sin reconocimiento legal.

a) El reconocimiento pionero de la objeción de conciencia a la experimentación animal en Italia: la Ley Nº. 413, de 12 de octubre de 1993

En España, ninguna Universidad pública reconoce la objeción de conciencia a la experimentación animal[146] ya que dicha institución debe ser siempre objeto de regulación por el legislador o por los tribunales[147], para dotarla de seguridad jurídica.

En Italia, sin embargo, algunos institutos de investigación fueron los primeros en reconocer —de forma anticipada a la aprobación de Ley *de Objeción de Conciencia a la Experimentación con Animales*— la objeción de conciencia a la experimentación animal, siendo este el camino que llevó al legislador a la aprobación de la Ley it. 413/93. Este es el camino que, a mi juicio, en España debería de seguirse, teniendo como fin último la aprobación de una ley de objeción de conciencia a la experimentación animal.

---

145. *Ibídem.*

146. *Vid.* Anexos VII y VIII. Informes sobre la objeción de conciencia en las prácticas con animales de la Universidad de Zaragoza y de la Universidad Complutense de Madrid.

147. *[...] Fuera de la Constitución y de la Ley, ningún ciudadano puede elevar su conciencia a Norma Suprema y objetar a su libre antojo [...]. [...] Por lo que se refiere a la necesidad de reconocimiento y regulación del derecho a la objeción de conciencia por la Ley [...].*

[...] No existe en el derecho positivo español un derecho genérico a la Objeción de Conciencia, tal y como ha establecido de forma reiterada la Jurisprudencia recaída en la materia, sino que el ejercicio de ese derecho debe venir previamente reconocido por una ley que así lo ampare y regule su ejercicio [...]. (Vid. Anexo VII. Informe sobre la objeción de conciencia en prácticas con animales de la Universidad de Zaragoza).

En Italia sí se reconoce la objeción de conciencia a la experimentación animal en el ámbito de la educación superior. La Ley representa una *encomiable excepción* a nivel europeo[148]. De hecho, Italia es el único país del mundo que regula específicamente el derecho a la objeción de conciencia a la experimentación con animales[149].

Esta lúcida y brillante Ley nace a finales de 1989, cuando 27 técnicos de radiología médica del Instituto Rizzoli de Bolonia —gracias a la continua acción desarrollada por María Teresa Ravaioli, y en previsión de la apertura en el hospital de un laboratorio en el que se utilizarían conejos, cerdos, ovinos, cobayas y ratas—, se declararon objetores de conciencia a este tipo de experimentación[150]. En abril de 1992, el Consejo de Administración del Hospital de Bolonia reconoció como legítima la petición de los técnicos de radiología[151]. Este fue el estímulo para la presentación en el Parlamento, por Gianni Tamino[152], miembro del Comité Científico Antivivisección (del que es hoy presidente), el Proyecto de Ley para la objeción a la vivisección[153]. El proyecto de ley se presentó el 20 de diciembre de 1991. Gracias a la acción de Carla Rocchi, ponente en la Comi-

---

148.   *Vid.* MENICALI, Stefania. "La sperimentazione animale. Aspetti giuridici e sociologici". *La Rivista, ADIR, L'altro diritto,* 2003, p. 154.

149.   *Ibídem.*

150.   *Vid.* TETTAMANTI, Massimo. "L'obiezione di coscienza alla sperimentazione animale in Italia". *Scienza e Democrazia.* Convegno Internazionale, Istituto Italiano per gli Studi Filosofici, Napoli, 2003, giugno, pp. 1-15.

151.   *Ibídem.*

152.   Debido al apoyo dispensado con el objetivo de la aprobación de una ley de objeción de conciencia a la experimentación con animales, Gianni Tamino, en el año 1991, cuando todavía era Diputado, decidió presentar un Proyecto de Ley a tal efecto. El texto fue discutido con el Fondo Imperatrice Nuda, con LAV, con muchos exponentes y activistas del movimiento anti-viviseccionista, así como, por supuesto, con los técnicos de radiología médica del Instituto Rizzoli de Bolonia. TAMINO, Gianni. *Storia di una legge.* EQUIVITA Bolletino CSA, Comitato Scientifico Antivivisezionista, 1992, pp. 1-206.

153.   TETTAMANTI, Massimo. "L'obiezione di coscienza alla sperimentazione animale in Italia". *Scienza e Democrazia.* Convegno Internazionale, Istituto Italiano per gli Studi Filosofici, Napoli, 2003, giugno, pp. 1-15.

sión del Proyecto de Ley, el texto fue aprobado en el Senado y, por tanto, después de algunas dificultades, también, de forma definitiva, en la Cámara. La ley fue aprobada en 1993 casi por unanimidad[154].

El Real Decreto de 1992[155] manifiesta un notable avance moral de las conciencias, ya que no asume que la experimentación con animales sea la única manera de progresar científicamente, considerando asimismo que el recurso a la misma tiene carácter de especialidad y de exclusividad, aceptándose solo como instrumento de mayor rigor científico[156].

La normativa italiana es de suma importancia en materia de experimentación animal en el ámbito docente. No solo se ha aprobado la Ley it. 413/93, de objeción de conciencia a la experimentación animal, se ha producido un cambio de paradigma al establecer que los experimentos en el ámbito de la docencia, por regla general, no se van a llevar a cabo con animales, sino todo lo contrario, llevar a cabo experimentos con animales en la docencia es precisamente la excepción.

El RD it. 116/92[157] afirma, por un lado, que la experimentación con animales en el ámbito de la docencia se configura como el último recurso[158]; y, por otro, se establece una suerte de excepción al RD it. 116/92 en lo referente al uso de anima-

---

154. *Ibídem.*

155. Real Decreto N°. 116, de 27 de enero de 1992. Este RD transpone la Directiva 86/609/CEE del Consejo, de 24 de noviembre de 1986, *relativa a la Aproximación de las Disposiciones Legales, Reglamentarias y Administrativas de los Estados Miembros respecto a la Protección de los Animales Utilizados para Experimentación y Otros Fines Científicos,* hoy derogada y sustituida por la Directiva 2010/63/UE del Parlamento Europeo y del Consejo, de 22 de septiembre de 2010, *relativa a la Protección de los Animales Utilizados para Fines Científicos.*

156. MANCIOCCO, Arianna; VITALE, Augusto. "Legislazione e cura...", cit., p. 13.

157. *Vid.* Anexo VI. Real Decreto [italiano] N° 116, de 27 de enero de 1992. *[En parte]. [Traducción propia].*

158. Artículo 4.1 del Real Decreto N°. 116, de 27 de enero de 1992: *Los experimentos contemplados en el art. 3 solo podrán llevarse a cabo cuando, para obtener el resultado perseguido, no sea posible utilizar otro método científica-*

les con fines experimentales en la educación, que debe hacerse previa autorización expresa del Ministerio de Sanidad, órgano competente para autorizar dichos experimentos, llevándolo a cabo solo en caso de necesidad imperiosa[159].

El principal objetivo del RD it. 116/92, por consiguiente, es proteger el bienestar de los animales y minimizar o, cuando sea posible, eliminar el dolor, el sufrimiento, la angustia y los daños temporales o duraderos que puedan producirse durante algunos experimentos[160].

La creciente sensibilidad[161] de la sociedad italiana hacia los animales encontró su máxima expresión[162] en la Ley *de Obje-*

---

mente válido, razonable y prácticamente aplicable que no implique la utilización de animales.

159. Artículo 8.3 del Real Decreto Nº. 116, de 27 de enero de 1992: *No obstante lo dispuesto en el apartado 1 del artículo 3, el Ministro de Sanidad solo autorizará los experimentos con fines docentes en caso de necesidad imperiosa y de que no sea posible recurrir a otros sistemas de demostración.* Dichos aspectos —necesidad imperiosa e imposibilidad de recurso a otros sistemas de demostración— deben ser atestiguados por una atenta y documentada investigación bibliográfica realizada por el instituto interesado, como se especifica en la Circular Nº. 6 de 2001. Además, en la misma Circular se recomienda, siempre que sea posible, el uso del animal muerto en lugar de la anestesia. (*Vid.* Circular, Nº. 6 del 14 mayo de 2001).

160. MANCIOCCO, Arianna; VITALE, Augusto. "Legislazione e cura...", cit., p. 13.

161. En efecto, en la actualidad existe una nueva sensibilidad a favor de la vida animal, en el pasado desatendida, cuando no vilipendiada, según mentalidades y actitudes definidas como especistas, a las que tampoco han sido ajenos algunos prejuicios religiosos. (*Vid.,* entre otros, CARDIA, Carlo. "Tra il diritto e la morale. Obiezione di coscienza e legge". *Stato, Chiese e pluralismo confessionale.* Vol. 1, Revista Nº. 1, 2009, pp. 1-29; AGAZZI, Evandro. *Antropocentrismo etico e tutela del mondo animale, Introduzione allo studio della bioetica.* Ed.: Europa Scienze Umane Editrice, 1996, p. 545 y ss; CAVALIERI, Paola. *La questione animale. Per una teoria allargata dei diritti umani.* Ed.: Bollati Boringhieri. Torino, 1999; TETTAMANZI, Dionigi. *Animali, Dizionario di bioética.* Ed.: Piemme. Casale Monferrato, 2002, p. 46 y ss).

162. CASAVOLA, Francesco Paolo. "Metodologie alternative, comitati etici e obiezione di coscienza alla sperimentazione animale". *Comitato Nazionale per la Bioetica. Presidenza del Consiglio dei Ministri,* 2009 dicembre, p. 13.

ción de Conciencia a la Experimentación con Animales[163] — que entró en vigor el 31 de octubre de 1993— con la que se ha pretendido dar respuesta a las medidas adoptadas por algunos institutos de investigación[164]. Esta breve Ley de tan solo cuatro artículos[165] consigue, por primera vez en Europa, dar solución a la negativa a realizar experimentos con animales en el ámbito de la educación superior.

En primer lugar, establece que existe el *derecho legal de objeción de conciencia*[166] a la experimentación animal, situándolo expresamente en el marco del ejercicio de la libertad de pensamiento, conciencia y religión[167]. Aunque la regulación

---

163. Sobre la Ley N°. 413, de 12 de octubre de 1993, *de Objeción de Conciencia a la Experimentación con Animales, vid.,* entre otros, TURCHI, Vincenzo. *Obiezione di coscienza.* Ed: Utet. Torino, 1995, p. 542; LOMBARDI VALLAURI, Luigi. *Riduzionismo e oltre. Dispense di filosofia per il diritto.* Ed.: CEDAM. Padova, 2002, pp. 138 y ss; AIMO, Maria Paola. *Privacy, libertà di espressione e rapporto di lavoro.* Ed.: Jovene. Torino, 2003, pp. 206 y ss.

164. Por primera vez, en Italia, en el año 1992 un instituto de investigación —Instituto Rizzoli de Bolonia— declaró oficialmente que se permitía y se permite a los empleados de dicho instituto ejercer el derecho a la objeción de conciencia respecto de la vivisección y de la experimentación animal. LARICCIA, Sergio. "L'obiezione di coscienza in Italia: vent'anni di legislazione e di giurisprudenza". En: Serafino GIUSTINIANI. *Il diritto ecclesiastico, CIII.* Ed.: Giuffrè Editore. Italia, 1992, p. 278.

165. *Vid.* Anexo V. Ley [italiana] N°. 413, de 12 de octubre de 1993, *de Objeción de Conciencia a la Experimentación con Animales. [Traducción propia].*

166. *Vid.,* entre otros, TURCHI, Vincenzo. "Nuove forme di obiezione di coscienza". *Stato, Chiese e pluralismo confessionale,* 2009, ottobre, pp. 1-51; CATTANEO, Elena. "Sperimentazione animale e diritto alla conoscenza e alla salute". *Ciclo di Incontri Scienza, Innovazione e Salute, II° Incontro,* 2014 gennaio, pp. 1-89; MANCIOCCO, Arianna; VITALE, Augusto. "Legislazione e cura...", cit., pp. 1-25.

167. BOTTA, Raffaele. "Altre forme di obiezione di coscienza tra rilevanza e irrilevanza". *Tutela del sentimento religioso ed appartenenza confessionale nella società globale.* Ed.: G. Giappichelli Editore. Torino, 2002, p. 221.

El art. 16.1 de la Constitución Española reconoce y garantiza la libertad ideológica, religiosa y de culto —constituyéndose así la libertad de conciencia como un derecho fundamental consagrado implícitamente en el referido artículo— lo que es importante destacar dado que la objeción de conciencia forma parte del contenido esencial del derecho de libertad de conciencia y, por tanto, es parte

específica vaya dirigida generalmente a todos los *ciudadanos*, la Ley nació en el ámbito universitario[168]. El fundamento normativo de dicha Ley se basa en la Declaración Universal de Derechos Humanos, en la Convención para la Protección de los Derechos Humanos y de las Libertades Fundamentales, y en el Pacto Internacional de Derechos Civiles y Políticos. Asimismo, el fundamento ético descansa en la oposición a la violencia, por parte de los *ciudadanos,* hacia los seres vivos (art. 1 Ley it. 413/93).

En segundo lugar, que hay dos tipos de *sujetos activos* —profesionales y estudiantes— que pueden ejercitar el derecho legal de objeción de conciencia. Los profesionales son los médicos, investigadores y personal de salud —los cuales desempeñan el papel de los profesionales graduados, técnicos y de enfermería—, y los estudiantes son los universitarios que ejercen su derecho a la objeción de conciencia. Además, establece los *efectos jurídicos* de la declaración de objeción de conciencia, consistentes en la no participación en las prácticas con animales y la no dependencia de la calificación de esas prácticas (art. 2 Ley it. 413/93).

En cuanto al procedimiento a seguir para ejercer el derecho; (1) la *forma* en la que tiene que declararse debe ser directamente al profesor del curso en cuyo contexto se puedan realizar experimentos con animales, al comienzo del mismo; (2) su *revocabilidad* puede producirse en cualquier momento; (3) hay dos tipos de *sujetos pasivos* —las estructuras públicas y privadas— que resultan obligados a informar a todos los traba-

---

integrante de un derecho fundamental. Asimismo, este es un derecho de naturaleza excepcional y de ejercicio excepcional que para su exigibilidad necesita de ser reconocido siempre, siendo diferente la forma de reconocimiento, tratándose en este caso de la Ley Nº. 413, de 12 de octubre de 1993, *de Objeción de Conciencia a la Experimentación con Animales*. (*Vid.,* sobre esta cuestión, YAGO-DÍEZ RODERA, Zaida. *La objeción de conciencia farmacéutica*. Ed.: Eolas. León, 2020).

168. *Vid.* MENICALI, Stefania. "La sperimentazione animale. Aspetti giuridici e sociologici". *La Rivista, ADIR, L'altro diritto,* 2003, p. 154.

jadores y estudiantes sobre su derecho a ejercer la objeción de conciencia a la experimentación animal, y a preparar un formulario para su declaración. En particular, el objetor redactará las declaraciones por duplicado y las presentará a la oficina competente o al profesor del curso en el caso de los estudiantes universitarios. De las dos copias, una será retenida por el receptor y la otra, sellada y refrendada, será devuelta al objetor. Además, con carácter facultativo, el objetor puede rellenar una tercera copia que se enviará a una oficina especial de la Liga Antiviviseccionista (LAV) en Roma, que se utilizará para elaborar una estadística nacional[169] (art. 3 Ley it. 413/93).

Por otra parte, la Ley establece una *cláusula de no discriminación* según la cual nadie puede verse desfavorecido por haber ejercitado su derecho a la objeción de conciencia. Esto implica, que los estudiantes que declaren su objeción de conciencia a experimentar con animales, tienen que poder acceder a otros métodos alternativos que no conlleven dichas experimentaciones, y ello sin que vaya en detrimento de su calificación. En el ámbito laboral, dispone el trato que debe darse a los *empleados* públicos y privados que declaren asimismo su objeción de conciencia, consistiendo este en la asignación —en el contexto del equipo orgánico existente— de actividades diferentes a las que implican la experimentación animal, manteniendo el mismo empleo e idéntico trato económico.

Por último, se impone a los secretarios de la Facultad implicada, la *obligación de información* de la existencia del derecho a la objeción de conciencia a la experimentación animal (art. 4 Ley it. 413/93).

---

169. *Ibídem.*

b) La ausencia de reconocimiento legal de la objeción de conciencia a la experimentación animal en España

En la normativa española no está reconocida *todavía* la objeción de conciencia a la experimentación animal, existiendo únicamente legislación referente a la experimentación animal.

Además de la normativa vigente, cabe destacar el Acuerdo de Transparencia sobre el Uso de Animales en Experimentación Científica[170] aplicado por la Confederación de Sociedades Científicas de España (COSCE) mediante la elaboración de un Informe[171] a tal efecto. Dicho Acuerdo[172] es un código voluntario de buenas prácticas que —junto a la legislación vigente—proporciona un marco para fomentar actividades de transparencia y

---

170.   *Vid.* Acuerdo de Transparencia sobre el *Uso de Animales en Experimentación Científica en España*, junio de 2016.

La Confederación de Sociedades Científicas de España (COSCE) propuso en 2016 a la comunidad científica española el Acuerdo COSCE de transparencia sobre el uso de animales en experimentación científica en España, con el objetivo de mejorar el nivel de entendimiento por parte de la sociedad sobre los beneficios, perjuicios y limitaciones que la experimentación con animales puede conllevar. El Acuerdo se presentó a las instituciones españolas relacionadas con la experimentación animal. La propuesta COSCE se concretaba en una invitación a todas las organizaciones para adherirse al Acuerdo y, por tanto, a cumplir de forma voluntaria sus cuatro compromisos, centrándose los tres primeros compromisos del Acuerdo COSCE en las actividades de comunicación interna y externa relacionadas con la utilización de animales; y el cuarto en la información del progreso del Acuerdo y la puesta en común de las experiencias desarrolladas.

171.   *Vid.* Informe anual del Acuerdo de Transparencia sobre el *Uso de Animales en Experimentación Científica en España*, 2019 de la Confederación de Sociedades Científicas de España (COSCE).

172.   Más de 120 instituciones españolas se han adherido ya al Acuerdo de Transparencia sobre el *Uso de Animales en Experimentación Científica*, lo que convierte a España en el segundo país de Europa, por detrás de Reino Unido, y en uno de los primeros del mundo en contar con un pacto de este tipo. (*Vid.* Anónimo. *España, pionera en transparencia sobre uso de animales para la investigación.* LA VANGUARDIA, 5 de septiembre de 2018).

comunicación sobre el uso de animales en experimentación científica[173].

2.4. LA OBJECIÓN DE CONCIENCIA A LA EXPERIMENTACIÓN ANIMAL EN EL CÓDIGO DEONTOLÓGICO VETERINARIO

La objeción de conciencia de los profesionales veterinarios aparece reconocida en el Capítulo V del Código Deontológico para el Ejercicio de la Profesión Veterinaria[174], donde se establecen asimismo las pautas que deben seguirse para llevar a cabo el ejercicio del derecho[175]. Su artículo 10 establece la negativa a intervenir, aun amparados por la legislación vigente, en estudios o experimentaciones que conlleven dolor, tortura, mutilación o muerte innecesaria de los animales. La negativa debe ser individual, no tienen cabida su aplicación de manera colectiva o institucional. El artículo 11 establece una serie de limitaciones al ejercicio de la objeción de conciencia: a) el ejercicio del derecho a la objeción por el veterinario no debe poner en peligro la salud de los animales; b) el veterinario siempre estará obligado, si es requerido por la urgencia del caso, a atender al animal, aunque estuviese relacionado con la acción objetada; c) el ejercicio de la objeción de conciencia no debe perseguir nunca la imposición de las convicciones del veterinario a la persona que demanda su actuación.

La normativa deontológica no tiene rango de ley, sino de derecho derivado[176]. En España, se sigue el modelo continental de relación entre normativa deontológica y sistema jurídico. Es

---

173. *Ibídem.*
174. Artículo 10 del Código Deontológico *para el Ejercicio de la Profesión Veterinaria.*
175. Artículo 11 del Código Deontológico *para el Ejercicio de la Profesión Veterinaria.*
176. TARODO SORIA, Salvador. *Libertad de conciencia...", cit.*, pp. 205-211.

decir, la potestad de aprobar la normativa deontológica y de aplicar la disciplina corporativa está atribuida por la Ley 2/1974, de 13 de febrero, *sobre Colegios Profesionales*[177] a una corporación pública que, en el caso de la profesión veterinaria, es el Consejo General de Colegios Oficiales Veterinarios.

2.5. LA POSICIÓN DE LAS UNIVERSIDADES QUE SE HAN PRONUNCIADO

Actualmente, dos universidades públicas se han pronunciado sobre la objeción de conciencia a la experimentación animal, en el ámbito de la educación superior.

Las Universidad de Zaragoza y la Complutense de Madrid[178], respecto a la negativa a la experimentación con animales planteada por los alumnos de la Facultad de Veterinaria, no reconocen dicha excepción mediante la autonomía universitaria que le confiere la CE[179] y la legislación vigente en la materia[180].

Uno de los argumentos aportados por ambas se basa en el no reconocimiento de la objeción de conciencia en la CE, en la

---

177. Ley 2/1974, de 13 de febrero, *sobre Colegios Profesionales,* modificada por la Ley 74/1978, de 26 de diciembre, *de Normas Reguladoras de los Colegios Profesionales* para adecuarla a la Constitución, por la Ley 7/1997, de 14 de abril, *de Medidas Liberalizadoras en Materia de Suelo y de Colegios Profesionales* para adaptarla a la normativa comunitaria, y por Real Decreto-Ley 6/2000, de 23 de junio, *de Medidas Urgentes de Intensificación de la Competencia en Mercados de Bienes y Servicios.*

178. Anexo VII. Informe sobre la objeción de conciencia en prácticas con animales de la Universidad de Zaragoza; Anexo VIII. Informe sobre la objeción de conciencia en las prácticas con animales de la Universidad Complutense de Madrid.

179. *Vid.* Artículo 27.10 de la Constitución Española.

180. Sobre la normativa relativa a la autonomía universitaria, *vid.,* de forma conjunta, Código de Universidades de 29 de diciembre de 2023. www.boe.es/biblioteca_juridica/

Ley[181], ni en pronunciamientos jurisprudenciales[182], *El art. 10.2 de la Carta de los Derechos Fundamentales de la Unión Europea, que reconoce el derecho a la objeción de conciencia, precisa que tal derecho se reconoce de acuerdo con las leyes nacionales que regulen su ejercicio. Este reenvío a las leyes nacionales evidencia, en primer lugar, la inexistencia de una tradición constitucional común a la que las instituciones de la Unión pudieran acudir sin más y, en segundo lugar, la necesidad de que haya un reconocimiento del correspondiente legislador nacional acerca de la posibilidad de objetar por razones de conciencia en los distintos ámbitos de la actividad que afecten a los derechos de los ciudadanos. Por tanto, fuera de la Constitución y de la Ley, ningún ciudadano puede elevar su conciencia a norma suprema y objetar a su libre antojo.*

Ante el planteamiento de la objeción de conciencia a la experimentación animal llevado a cabo por los estudiantes de Biología, el Informe de la Universidad Complutense aduce además la obligatoriedad de los estudiantes de la asistencia a las prácticas legalmente establecidas[183], basándose en la normativa estatal, y en la normativa de la Universidad. *La normativa aplicable establece una obligación por parte del alumnado ya matriculado de asistir a las prácticas legalmente aprobadas en el plan de estudios objeto de matriculación, así como la correspondiente autorización para su impartición, tanto desde el punto de vista académico como administrativo.*

Finalmente, ambos informes mantienen una posición cercana al sentimiento de los estudiantes. Sin embargo, atribuyen al poder legislativo competencia para la aprobación de una posible ley de objeción de conciencia, sin llegar a tomar ninguna

---

181.   Anexo VII. Informe sobre la objeción de conciencia en prácticas con animales de la Universidad de Zaragoza.

182.   En este sentido, la objeción de conciencia al aborto se encuentra reconocida y declarada, de forma rotunda, como un derecho fundamental en la STC 53/1985, de 11 de abril.

183.   Anexo VIII. Informe sobre la objeción de conciencia en las prácticas con animales de la Universidad Complutense de Madrid.

determinación que se acerque a dicha posible regulación legal, al contrario de lo sucedido en Italia, donde las medidas adoptadas por algunos institutos de investigación[184] fueron el origen y parte del motivo que llevó a la aprobación de la Ley *de Objeción de Conciencia a la Experimentación con Animales*[185].

---

184. *Vid.* LARICCIA, Sergio. "L'obiezione di coscienza in Italia: vent'anni di legislazione e di giurisprudenza". En: Serafino GIUSTINIANI. *Il diritto ecclesiastico, CIII.* Ed.: Giuffrè Editore. Italia, 1992, p. 278.

185. Sobre la Ley N°. 413, de 12 de octubre de 1993, *de Objeción de Conciencia a la Experimentación con Animales, vid.,* entre otros, TURCHI, Vincenzo. *Obiezione di coscienza.* Ed: Utet. Torino, 1995, p. 542; LOMBARDI VALLAURI, Luigi. *Riduzionismo e oltre. Dispense di filosofia per il diritto.* Ed.: CEDAM. Padova, 2002, pp. 138 y ss; AIMO, Maria Paola. *Privacy, libertà di espressione e rapporto di lavoro.* Ed.: Jovene. Torino, 2003, pp. 206 y ss.

Capítulo 3

Perspectivas de futuro: Alternativas a la experimentación animal y propuesta de una ley de objeción de conciencia a la experimentación animal

Tras haber estudiado la experimentación animal en la educación superior y la objeción de conciencia a la misma, en este capítulo se analizarán los dos aspectos más relevantes de cara a su configuración jurídica futura, las propuestas relativas al uso de sistemas alternativos con animales y la propuesta de aprobación de una ley de objeción de conciencia a la experimentación animal en España.

El Ministerio de España de Agricultura, Pesca y Alimentación se ha pronunciado sobre la posibilidad de la utilización de métodos alternativos a las prácticas consistentes en la utilización de animales, sosteniendo que el ámbito de la educación superior es uno de los campos en los que el uso de estrategias alternativas es más importante, mediante el empleo del material audiovisual, simuladores y uso de cadáveres y restos de mataderos en lugar de animales vivos[186].

El uso de métodos alternativos ofrece iguales o mayores posibilidades de éxito. Es materialmente imposible precisar el nivel de desarrollo que hubiese alcanzado la Biomedicina si, desde el principio, se hubiesen utilizado en la investigación

---

186. *Vid.* Informe anual emitido por el Ministerio de España de Agricultura, Pesca y Alimentación sobre *Usos de Animales en Experimentación y otros Fines Científicos*, incluyendo la Docencia en 2018, noviembre de 2019.

una serie de métodos que no precisasen del uso de animales; lo que lleva a pensar que es igualmente posible que la Biomedicina hubiese alcanzado un grado de desarrollo incluso mayor del que actualmente disponemos[187].

3.1. EL CARÁCTER EXCEPCIONAL DE LA EXPERIMENTACIÓN ANIMAL

Cabe clasificar las alternativas distinguiendo entre aquellas que utilizan técnicas aplicadas a la materia viva —alternativas biotecnológicas—, diferenciando asimismo de entre ellas las siguientes: (1) la investigación a partir de animales transgénicos o clonados; (2) el ensayo de sustancias y medicamentos en cultivos celulares y bacterias; (3) las técnicas *in vitro*; y (4) utilización de simuladores y modelos virtuales —alternativas informáticas—, tales como los simuladores y modelos virtuales con base estadística o *in silico*.

En la actualidad, ha cobrado especial importancia la búsqueda de métodos alternativos amparada por el desarrollo de ensayos *in vitro* y el advenimiento de la biotecnología e ingeniería genética modernas, lo que da pie al desarrollo de metodología molecular y de simuladores inertes que permiten recrear con mucha fidelidad los modelos vivos y sus reacciones[188].

En primer lugar, se ha desarrollado *la investigación a partir de animales transgénicos o clonados,* a partir de organismos creados por y para el provecho científico.

Se trata de híbridos entre la naturaleza y la cultura, que sobreviven gracias al fin antropocéntrico del cual son tributarios. Las ventajas de estos modelos son más que evidentes, estamos hablando de copias de animales "naturales" pero modificados

---

187.   *Vid.* ARMAZA ARMAZA, Emilio José. "Experimentación con animales...", cit., p. 850.

188.   *Vid.* ESCOBAR TRIANA, Jaime. "Reflexiones bioéticas acerca de la enseñanza de la medicina en simuladores electrónicos". *Revista Colombiana de Bioética.* Vol. 1, Revista N°. 1, 2006 enero-junio, pp. 63-87.

genéticamente para expresar los patrones y condiciones fisiológicas que demande el estudio experimental al que se van a someter. Aproximadamente el 54% de este tipo de animales sirven como modelo para enfermedades humanas y ensayo de tratamientos, lo que se realiza introduciendo en ellos genes mutantes humanos que les hagan padecer exactamente la misma patología presente en humanos[189].

En cuanto al *ensayo de sustancias y medicamentos en cultivos celulares y bacterias;* basándose en la teoría del activismo que define el sufrimiento como causa principal de rechazo al empleo de vertebrados, empleando bacterias, protozoos o, en su caso, cultivos de tejido de animales vivos como sujeto de pruebas quedaría excluido de dicha definición de "maltrato"[190].

Por último, las *técnicas in vitro,* muy populares especialmente para el ensayo de sustancias medicamentosas o tóxicas, como alternativa al ensayo directo en animales. Son muy útiles para determinar el mecanismo de acción de una sustancia, así como para entender la biología básica de un sistema. Se ha avanzado mucho en los últimos años en este ámbito. Estas técnicas permiten, con un único experimento, evaluar los cambios en la expresión genética que tienen lugar en una célula, tejido u órgano por el efecto de una sustancia[191].

El uso de alternativas a la experimentación con animales es una opción didácticamente más efectiva para que los estudiantes aprendan. Distintos estudios de investigación[192] educativa han mostrado la superioridad del aprendizaje usando simula-

189. VELAYOS CASTELO, Carmen. "Animales genéticamente modificados: Primates no humanos". *ARBOR Ciencia, Pensamiento y Cultura.* Vol. 184, Revista N°. 730, 2008, pp. 293-304.

190. *Vid.* MÍGUEZ SANTIYÁN, María del Prado; LARGO BERMEJO, Juan Daniel; *et al. Perspectivas de la experimentación...,* cit., pp. 40-42.

191. VINARDELL MARTÍNEZ-HIDALGO, María Pilar. "Alternativas a la experimentación animal en toxicología: situación actual". *Acta Bioethica.* Vol. 13, Revista N°. 1, 2007, pp. 41-52.

192. Para otras alternativas, *vid.,* ALTEX, Proceedings. "Alternatives to Animal Experimentation". *Alternatives and Animal Use in the Life Sciences: 3Rs In Action.* Vol. 6, Revista N°. 1, 2017, pp. 1-274.

dores informáticos en la práctica de laboratorio[193]. Incluso, la propia concienciación de la sociedad para con el sufrimiento animal ha dado pie a una proliferación en el campo de ideas y alternativas por parte de la propia comunidad científica[194]. Un estudio realizado por David Dewhurst muestra una investigación encaminada específicamente a comparar y a evaluar el aprendizaje de dos grupos de estudiantes de nivel superior en clases de fisiología y de farmacología en la Universidad de Sheffield, en el Reino Unido; en un módulo del curso de fisiología, sobre transporte epitelial, uno de los grupos usó un programa informático que simulaba experimentos de laboratorio, mientras que al otro se le enseñó según el método tradicional valiéndose de ratas para conocer los sacos evertidos aislados de sus intestinos delgados[195].

En definitiva, los *simuladores y modelos virtuales con base estadística o in silico* constituyen una de las alternativas más recientes y en las que más se está invirtiendo para el desarrollo de nuevos modelos que simulen a la perfección las reacciones de un ente biológico. Si bien se entiende que en el campo biológico es muy difícil aplicar modelos matemáticos, sí que se ha demostrado que una combinación de estos con bases de datos estadísticos complejos puede dar lugar a una recreación bas-

---

193. *Vid.* NOAH, Finkelstein; WENDY, Adams; *et al.* "When learning about the real world is better done virtually: A study of substituting computer simulations for laboratory equipment". *Physical Review Special Topics - Physics Education Research*. Vol. 1, Revista N°. 1, 2005, pp. 1-8.

194. *La necesidad agudiza el ingenio*: es así como las nuevas generaciones de científicos e investigadores han afrontado con inusitada motivación el reto que tienen ante ellos, elaborando muchas de las ideas que tendrán un eco importante en el futuro. (*Vid.* MÍGUEZ SANTIYÁN, María del Prado; LARGO BERMEJO, Juan Daniel; *et al. Perspectivas de la experimentación...*, cit., pp. 40-42).

195. *Vid.* DEWHURST, David; HARDCASTLE, Jacqueline; *et al.* "Comparison of a computer simulation program and a traditional laboratory practical class for teaching the principles of intestinal absorption". *Advances in Physiology Education*. Vol. 12, Revista N°. 1, 1994, pp. 95-104.

tante cercana a las condiciones del experimento en un animal real[196].

3.2. PROPUESTA DE REGULACIÓN LEGAL DE LA OBJECIÓN DE CONCIENCIA A LA EXPERIMENTACIÓN ANIMAL EN ESPAÑA

En el apartado anterior se ha analizado la regulación de la Ley *de Objeción de Conciencia a la Experimentación con Animales* en Italia —único país del mundo en el cual, de forma específica, se ha regulado por primera vez—, demostrando ser más efectiva en orden a garantizar los derechos y bienes jurídicos en conflicto. La solución científica que preservaría tanto el bienestar animal como la libertad de conciencia de los sujetos implicados —docentes, técnicos y estudiantes— sería la aprobación de una Ley de objeción de conciencia a la experimentación animal, en el ámbito de la educación superior en España.

Precisaré en los subsiguientes apartados las razones según las cuales, la normativa debería contemplar la excepción —la negativa a la experimentación con animales— a la norma imperativa —que establece la obligación de los estudiantes de asistir a clase y realizar las prácticas pertinentes—[197].

La propuesta de ley de objeción de conciencia en materia científica, consta de una exposición de motivos, cuatro títulos, una disposición adicional, una disposición transitoria y una disposición final. En la exposición de motivos se alude a los aspectos negativos y positivos de los desarrollos científicos y tecnológicos, afirmando que los estudiantes, becarios, trabajadores e investigadores pueden ver violentadas sus conviccio-

---

196. RODRÍGUEZ GARCÍA, José Ignacio. "Formación quirúrgica con simuladores en centros de entrenamiento". *Cirugía española: Órgano oficial de la Asociación Española de Cirujanos.* Vol. 79, N°. 6, 2006, pp. 342-348.

197. Artículo 13.2.a) del Real Decreto 1791/2010, de 30 de diciembre, *por el que se aprueba el Estatuto del Estudiante Universitario.*

nes y valores éticos, religiosos o políticos en el desempeño de su actividad. Esto se traduce en un conflicto entre la libertad ideológica, religiosa y de culto de los individuos y el ejercicio por parte de entidades públicas o privadas del derecho a la producción y creación científica y técnica, derechos reconocidos en los artículos 16 y 20.1.b) CE. Si bien, no cabe un reconocimiento general del derecho a la objeción de conciencia, sino que tiene que ser reconocida en un instrumento legal o por la jurisprudencia, la Ley proyectada pretende reconocer, en su artículo 1, el derecho de objeción de conciencia en materia científica a todas las personas que, de su situación laboral o académica pudiera derivarse la obligación de realizar actividades que violentasen su conciencia en el ámbito científico, en su centro de trabajo, investigación o estudio o cualquier actividad cuya consecuencia suponga daño para el medio ambiente, los seres vivos o la dignidad y los derechos fundamentales de la persona. En su artículo 2 se establece el ámbito subjetivo de aplicación, pudiendo ser realizada por cualquier persona ligada por vínculo laboral, estatutario o funcionarial, así como becarios y estudiantes. En los artículos 3 y siguientes se establece la creación de un Consejo de objeción de conciencia en materia científica, su composición y funcionamiento. En los artículos 9 y siguientes se establecen los requisitos formales para la presentación de la solicitud así como sus efectos su renuncia y las consecuencias del incumplimiento de las obligaciones del objetor[198].

3.3. CONSIDERACIONES CONCLUSIVAS

La presente investigación ha abordado comparado entre dos países de la Unión Europea —España e Italia— de la objeción

---

198. Anexo IX. Proposición de Ley de objeción de conciencia en materia científica.

de conciencia a la experimentación animal en la educación superior.

I. La presente obra aborda desde una perspectiva reflexiva y crítica un tema de actualidad: la objeción de conciencia a la experimentación animal en la educación superior, sobre el que no existía en España un tratamiento doctrinal monográfico. Punto de partida necesario ha sido el estudio comparado de las respuestas jurídicas de España e Italia, pues a pesar de su proximidad geográfica y cultural han conformado dos modelos radicalmente diferentes a la hora de abordar y ofrecer una solución jurídica a la problemática analizada, algo que ha facilitado su comparación con la finalidad de obtener las respuestas jurídicas más eficaces en orden a conseguir la mayor eficacia de los derechos fundamentales y los bienes constitucionalmente protegidos que se encuentran en juego.

En Italia existe una Ley sobre objeción de conciencia a la experimentación animal en la cual, aunque parece referirse a los ciudadanos de forma general en concreto en su art.1, quedan perfectamente delimitados los sujetos activos, siendo los estudiantes y profesionales en la materia, abarcando, por tanto, dicha regulación legislativa también a los médicos, investigadores y personal de salud; los sujetos pasivos las estructuras privadas y públicas, personificándose estas últimas en las universidades, que también tienen atribuida la autonomía universitaria *didáctica*, pero con una gran diferencia en cuanto al reconocimiento, ya que no viene atribuido por la Constitución Italiana, sino por el poder legislativo, en la Ley N°. 341, de 19 de noviembre de 1990, *sobre la Reforma de los Sistemas de Enseñanza Universitaria.*

II. Mientras que en España solo existe normativa relativa a la experimentación animal sin mencionarse en ella la objeción de conciencia, salvo en el Código Deontológico de los Veterinarios —debiendo destacar junto con ello el Acuerdo de Transparencia sobre el Uso de Animales en Experimentación Científica aplicado por la Confederación de Sociedades Científicas de

España (COSCE) configurándose como un código voluntario de buenas prácticas destinado al fomento de actividades de transparencia y comunicación sobre el uso de animales—, en Italia, además de existir normativa relativa a la experimentación animal, se consigue, por primera vez en Europa y en todo el mundo, dar solución a la negativa a la realización de experimentos con animales en el ámbito de la educación superior a través de la Ley N°. 413, de 12 de octubre de 1993, *de Objeción de Conciencia a la Experimentación con Animales.* No obstante, la normativa de la Unión Europea relativa a la experimentación animal es aplicable a todos los Estados miembros donde de hecho se encuentran las primeras iniciativas sobre protección animal en relación con los experimentos. A propósito, el Convenio Europeo sobre Protección de los Animales Vertebrados utilizados con Fines Experimentales y Otros Fines Científicos deja claro que no se puede utilizar la experimentación animal para otros fines que no estén enlazados con la actividad profesional de quienes no van a tratar efectivamente en el futuro con animales.

III. No es que, por si fuera poco, se haya aprobado la Ley N°. 413, de 12 de octubre de 1993, *de Objeción de Conciencia a la Experimentación con Animales* en Italia. Es más: los experimentos en el ámbito de la docencia, por regla general, no se llevan a cabo con animales, sino todo lo contrario, esta práctica constituye precisamente la excepción. Mientras que en España la práctica de la experimentación con animales se encuentra configurada como la norma general en el ámbito de la educación superior, en Italia constituye la excepción. Así, en Italia la experimentación con animales se conforma como el último recurso en el artículo 4.1 del Real Decreto N°. 116, de 27 de enero de 1992, estableciéndose así una suerte de excepción a dicho Real Decreto, debiéndose hacer mediante la previa autorización expresa del Ministerio de Sanidad, llevándolo solo a cabo en caso de necesidad imperiosa, tal y como dispone el artículo 8.3 de dicho Real Decreto.

IV. Las universidades tienen una cabida importante en este tema; es precisamente en este ámbito donde se suscitan los problemas de índole ético, científico y jurídico atinentes a la negativa a la experimentación con animales por parte de los estudiantes y de los profesores obligados por la normativa básica estatal y la normativa universitaria a la realización de prácticas consistentes en experimentaciones con animales, de las cuales depende la obtención de los títulos universitarios.

Así, en la hipotética aprobación de la Ley en España juegan un papel muy importante las universidades, como paso previo, ya que —aunque actualmente no haya habido ningún reconocimiento por su parte de la negativa a la realización de experimentaciones con animales en las prácticas que conforman asignaturas de las cuales depende el título oficial o profesional de los estudiantes expedido por el Estado, como competencia exclusiva que sobre ello ostenta tanto en España como en Italia—, lo que parece latir en las Resoluciones aportadas por la Universidad de Zaragoza y la Universidad Complutense de Madrid es una remisión al legislador de regulación de la objeción de conciencia. Como no puede ser de otra forma, ya que no se puede pretender que las universidades, en el ejercicio de su autonomía universitaria, sobrepasen el límite de la restricción de derechos fundamentales.

V. Tras la indagación que he efectuado en todas las universidades públicas de España de posibles Resoluciones en sentido favorable a la objeción de conciencia a la experimentación animal, he podido comprobar que ninguna lo reconoce. Máxime mantienen una postura cercana al sentimiento de los estudiantes, que solo desean seguir los dictados de su conciencia, como es el caso de la Universidad Complutense de Madrid. Por contra, la Universidad de Zaragoza es tajante al mantener una rotunda negativa en el sentido de no reconocer dicha excepción mediante la autonomía universitaria que le confiere la Constitución Española y la legislación vigente en la materia. Así, las universidades públicas españolas se muestran ajenas al actual problema de hondo calado que solo tiende a aumentar en nuestra sociedad, consistente en la negativa por parte de los estudiantes —postura que por supuesto podrían también adoptar los profesores— a la experimentación con animales en el ámbito de la educación superior, constituyendo una tarea pendiente que es reclamada cada vez más.

El camino adoptado en Italia es justamente el contrario: algunos institutos de investigación reconocen —de forma anticipada a la aprobación de Ley N°. 413, de 12 de octubre de 1993, *de Objeción de Conciencia a la Experimentación con Animales*— la negativa a la realización de prácticas consistentes en la experimentación con animales, siendo esta la vía que ha llevado a la aprobación de dicha Ley italiana. Este es el camino que, a mi juicio, en España debería de seguirse, ejerciendo así las universidades la misma influencia que en Italia, teniendo así como fin último la aprobación de una ley de objeción de conciencia a la experimentación animal.

VI. La Ley italiana N°. 413, de 12 de octubre de 1993, *de Objeción de Conciencia a la Experimentación con Animales*, representa una encomiable excepción a nivel europeo, constituyéndose asimismo en el único país del mundo en el cual se ha regulado de forma específica por primera vez el derecho a la objeción de conciencia a la experimentación con animales. La conclusión alcanzada en ambos tipos de objeción de conciencia es el deber de regulación en la ley de dicha institución compleja para dotarla de mayor seguridad jurídica.

VII. Que existan posturas favorables a la experimentación animal sobre todo por la especial relevancia que tienen los avances científicos en la investigación, no es óbice para que exista una Ley de objeción de conciencia a la experimentación animal en España. Ello implica que deben existir métodos alternativos a dichas prácticas. En este sentido, el Ministerio de España de Agricultura, Pesca y Alimentación aduce que en el campo de la educación superior el uso de estrategias alternativas es el más propicio e importante, por sus iguales o incluso mayores posibilidades de éxito que en el ámbito de la enseñanza tradicional, en la cual se usan animales vivos. En este sentido, la tarea que tienen atribuidas las universidades debe ser la enseñanza, pero también debería ser la formación de seres humanos por supuesto con ciencia, pero también con conciencia.

VIII. La única objeción de conciencia que puede ejercerse sin reconocimiento legal y sin la correspondiente minoración de la seguridad jurídica que entrañaría su reconocimiento en la jurisprudencia, es la objeción de conciencia de carácter privado o particular, siendo posible su reconocimiento en el estatuto o contrato correspondientes.

Nos encontramos tanto en España como en Italia ante un deber jurídico de carácter público, por lo que el reconocimiento de la objeción de conciencia a la experimentación animal en la educación superior debe hacerse en la ley, y no en el Código Deontológico de los Veterinarios, comportando este actualmente el único documento jurídico —que aunque no tiene rango de ley, sí tiene reconocida eficacia jurídica por la legislación estatal— en el cual se reconoce el derecho a la objeción de conciencia, únicamente de los veterinarios, generando desigualdades y creando asimismo una gran inseguridad jurídica que no esté reconocida por el legislador, pero que, sin embargo, si lo esté en el Código Deontológico Veterinario.

IX. La entrada en vigor de la Ley *de modificación del Código Civil, la Ley Hipotecaria y la Ley de Enjuiciamiento Civil*, ha sido extraordinariamente importante para asignarlos la correcta categoría de seres sintientes, suponiendo así la superación del anacrónico estatuto jurídico del animal como cosa. España, de esta manera, adecúa su ordenamiento jurídico a la pauta interpretativa clara e ineludible contenida en el Tratado de Funcionamiento de la Unión Europea, en su artículo 13 —y con ello la obligación de incorporación de los principios de la legislación europea en materia de bienestar animal, superando la decimonónica concepción de los animales como bienes muebles o cosas.

Debemos llegar a un punto medio entre los derechos y bienes jurídicos involucrados: la libertad de conciencia de estudiantes y profesores —es decir, la negativa o no a la experimentación con animales— y el bienestar animal, lo que solo se consigue aprobando en España una ley específica que permita la objeción de conciencia a la experimentación animal.

Debe aprobarse una Ley de objeción de conciencia a la experimentación con animales en España tomando como base la acertada solución jurídica italiana, adoptada de forma pionera en algunos institutos de investigación y, más tarde, cristalizada en la aprobación de la Ley italiana, con la cual se ha pretendido, a mi juicio, dar respuesta a las medidas adoptadas en dichos institutos.

BIBLIOGRAFÍA

— ACIERNO, Louis. *The history of cardiology.* Ed.: Editions Roche. Londres.

— AGAZZI, Evandro. *Antropocentrismo etico e tutela del mondo animale, Introduzione allo studio della bioetica.* Ed.: Europa Scienze Umane Editrice, 1996.

— AIMO, Maria Paola. *Privacy, libertà di espressione e rapporto di lavoro.* Ed.: Jovene. Torino, 2003.

— ALÁEZ CORRAL, Benito. "Algunas claves de la reforma del Estatuto Jurídico Civil del animal en España". *Derecho Animal. Forum of Animal Law Studies.* Vol. 9, Revista N°. 3, 2018.

— ALONSO GARCÍA, Enrique. "El bienestar de los animales como seres sensibles-sentientes: su valor como principio general, de rango constitucional, en el derecho español". En: Juan Alfonso SANTAMARÍA PASTOR. *Los Principios Generales del Derecho y el Derecho Administrativo.* Ed.: Wolters Kluwer. España, 2010.

— ALTEX, Proceedings. "Alternatives to Animal Experimentation". *Alternatives and Animal Use in the Life Sciences: 3Rs In Action.* Vol. 6, Revista N°. 1, 2017.

— ÁLVAREZ-DÍAZ, Jorge Alberto. "La controversia sobre la vivisección". *Acta Bioethica.* Vol. 13, Revista N°. 1, 2007.

— APARISI MIRALLES, Ángela; LÓPEZ GUZMÁN, José. "El derecho a la objeción de conciencia en el supuesto del aborto". *Persona y bioética.* Vol. 10, Revista N°. 1, 2006.

— ARGÜELLO SACASA, Alberto. "Los animales como seres vivos dotados de sensibilidad ante el interés común en la ganadería nicaragüense y los Acuerdos de la OIE y el OIRSA". *Derecho Animal. Forum of Animal Law Studies.* Vol. 9, Revista N°. 3, 2018.

— BALCOMBE, Jonathan. *The use of animals in higher education. Problems, alternatives and recommendations.* Ed.: Humane Society Press. Washington, D.C., 2000.

— BELTRÁN AGUIRRE, Juan Luis. *La objeción de conciencia de los profesionales sanitarios.* Vol. 13, Revista N°. 1, 2005.

— BOTTA, Raffaele. "Altre forme di obiezione di coscienza tra rilevanza e irrilevanza". *Tutela del sentimento religioso ed appartenenza confessionale nella società globale.* Ed.: G. Giappichelli Editore. Torino, 2002.

— CAPALDO, Theodora. "The psychological effect on students of using animals in ways that they see as ethically, morally and religiously wrong". *Alternatives to Laboratory Animals.* Vol. 32, Revista N°. 1, 2004.

— CARDOZO DE MARTÍNEZ, Carmen Alicia; DE OSORIO, Afife. "Ética en investigación con animales: una actitud responsable y respetuosa del investigador con rigor y calidad científica". *Revista Latinoamericana de Bioética.* Vol. 8, Revista N°. 2, 2008.

— CARDIA, Carlo. "Tra il diritto e la morale. Obiezione di coscienza e legge". *Stato, Chiese e pluralismo confessionale.* Vol. 1, Revista N°. 1, 2009.

— CASAVOLA, Francesco Paolo. "Metodologie alternative, comitati etici e obiezione di coscienza alla sperimentazione animale". *Comitato Nazionale per la Bioetica.* Presidenza del Consiglio dei Ministri, 2009.

— CASTRO JOVER, Adoración. "La libertad de conciencia y la objeción de conciencia individual en la jurisprudencia constitucional española". En: Javier MARTÍNEZ TORRÓN (Ed.). *La libertad religiosa y de conciencia ante la justicia constitucional.* Ed.: Comares. Granada, 1998, Actas del VIII Congreso Internacional del Derecho Eclesiástico del Estado, Granada, 13-16 de mayo de 1997.

— CATTANEO, Elena. "Sperimentazione animale e diritto alla conoscenza e alla salute". *Ciclo di Incontri Scienza, Innovazione e Salute, II° Incontro,* 2014 gennaio.

— CAVALIERI, Paola. La questione animale. *Per una teoria allargata dei diritti umani.* Ed.: Bollati Boringhieri. Torino, 1999.

— CHAPOUTHIER, Georges. "From animal intelligence to animal rights". En: David FAVRE y Teresa GIMÉNEZ-CANDELA. *Animals and the law.* Ed.: Tirant lo Blanch. Valencia, 2015.

— DEHOFF, Mary Ellen; CLARK, Krista; MEGANATHAN, Karthikeyan. "Learning outcomes and student perceived value of clay modeling and cat dissection in undergraduate human anatomy and physiology". *Advances in Physiology Education.* Vol. 35, 2011.

— DE LIMA CARVALHO, André Luis; WAIZBORT, Ricardo. "Pain beyond the confines of man: a preliminary introduction to the debate between Frances Power Cobbe and the darwinists with respect to vivisection in Victorian England (1863-1904)". *História, Ciências, Saúde-Manguinhos.* Vol. 17, Revista N°. 3, 2010.

— DELMAS, André. *La anatomía humana.* Ed.: Paidotribo. Barcelona, 1986.

— DEWHURST, David; HARDCASTLE, Jacqueline; HARDCASTLE, Peter; STUART, Elliott. "Comparison of a computer simulation program and a traditional laboratory practical class for teaching the principles of intestinal absorption". *Advances in Physiology Education.* Vol. 12, Revista N°. 1, 1994.

— DICKENS, Bernard; COOK, Rebecca. "The scope and limits of Conscientious Objection". *International Journal of Gynecology and Obstetrics.* Vol. 71, Revista N°. 1, 2000.

— DUQUE PARRA, Jorge Eduardo; BARCO RÍOS, John; MORALES PARRA, Genaro. "La disección in vivo (vivisección): una visión histórica". *International Journal of Morphology.* Vol. 32, Revista N°. 1, 2014.

— ESCOBAR TRIANA, Jaime. "Reflexiones bioéticas acerca de la enseñanza de la medicina en simuladores electrónicos". *Revista Colombiana de Bioética.* Vol. 1, Revista N°. 1, 2006 enero-junio.

— FAVRE, David. *Animal Law. Tier und Recht. Developments and Perspectives in the 21st Century. Entwicklungen und Perspektiven im 21 Jahrhundert*. Ed.: Dike. Zürich, 2012.

— GIL MEMBRADO, Cristina. *Régimen Jurídico civil de los animales de compañía*. Ed.: Dykinson. Madrid, 2014.

— GIMÉNEZ-CANDELA, Marita. "Descosificación de los animales en el Cc. español". Derecho Animal. *Forum of Animal Law Studies*. Vol. 9, Revista N°. 3, 2018.

— GIMÉNEZ-CANDELA, Marita. "Dignidad, Sentiencia, Personalidad: relación jurídica humano-animal". *Derecho Animal. Forum of Animal Law Studies*. Vol. 9, Revista N°. 2, 2018.

— GIMÉNEZ-CANDELA, Marita. "La descosificación de los animales". *Revista Eletrônica do Curso de Direito da UFSM*. Vol. 12, Revista N°. 1, 2017.

— GIMÉNEZ-CANDELA, Teresa. "El estatuto jurídico de los animales: aspectos comparados". En: Basilio BALTASAR. *El Derecho de los animales*. Ed.: Marcial Pons, Ediciones Jurídicas y Sociales. Madrid, 2015.

— Glick, Shimon. "Animals for teaching purposes: Medical Students' Attitude". *Medical Education* (Oxford. Print). Vol. 29, Revista N°. 1, 1995.

— HEIM, Alice. *Intelligence and Personality*. Ed.: Penguin Books. Baltimore, 1971.

— HENRÍQUEZ GARRIDO, Ruy. "Importancia de la distinción cartesiana entre el hombre y los animales". *Ingenium. Revista de historia del pensamiento moderno*. Revista N°. 3, 2010 enero-junio.

— KNIGHT, Andrew. "The effectiveness of humane teaching methods in veterinary education". *Alternatives to Animal Experimentation (ALTEX)*. Vol. 24, Revista N°. 2, 2007, p. 91.

— KORBER, Tessa. *El médico del emperador*. Ed.: Ediciones B. Barcelona, 2005.

— LARICCIA, Sergio. "L'obiezione di coscienza in Italia: vent'anni di legislazione e di giurisprudenza". En: Serafino GIUSTINIANI. *Il diritto ecclesiastico, CIII*. Ed.: Giuffrè Editore. Italia, 1992.

— LLAMAZARES CALZADILLA, María Cruz. *Las libertades de expresión e información como garantía del pluralismo democrático.* Ed.: Civitas. Madrid, 1999.

— LLAMAZARES FERNÁNDEZ, Dionisio., (con la colaboración de LLAMAZARES CALZADILLA, María Cruz). Conciencia y Derecho. *Libertad de conciencia y libertad de comportamiento.* Ed.: Civitas. Navarra, 2007.

— LOMBARDI VALLAURI, Luigi. *Riduzionismo e oltre. Dispense di filosofia per il diritto.* Ed.: CEDAM. Padova, 2002.

— LORENZINI, Rodolfo. "Metodiche alternative nella ricerca biomedica sperimentale: considerazioni e prospettive". En: Giovanni LAVIOLA y Augusto VITALE. *Aspetti normativi e metodologici della sperimentazione animale. Istituto Superiore di Sanità, Rapporti ISTISAN,* 1997.

— MANCIOCCO, Arianna; VITALE, Augusto. "Legislazione e cura degli animali sperimentali: situazione attuale e prospettive future". *Istituto Superiore di Sanità, Rapporti ISTISAN,* 2007 giugno.

— MARTÍN REBOLLO, Luis. "De nuevo sobre el servicio público: planteamientos ideológicos y funcionalidad técnica". *Revista de Administración Pública.* Revista N°. 100-102, 1983.

— MARTÍN SÁNCHEZ, Isidoro. *La objeción de conciencia del personal sanitario. Libertad religiosa y Derecho sanitario.* Ed.: Fundación Universitaria Española. Madrid, 2007.

— MARTÍNEZ URIONABARRENETXEA, Koldo. "Medicina y objeción de conciencia". *Anales Sistema Sanitario de Navarra.* Vol. 30, Revista N°. 2, 2007.

— MENÉNDEZ DE LLANO RODRÍGUEZ, Nuria. "La modernización del estatuto del animal en la legislación civil española". *Derecho Animal. Forum of Animal Law Studies.* Vol. 9, Revista N°. 3, 2018.

— MENICALI, Stefania. "La sperimentazione animale. Aspetti giuridici e sociologici". *La Rivista, ADIR, L'altro diritto,* 2003.

— MÍGUEZ SANTIYÁN, María del Prado; LARGO BERMEJO, Juan Daniel; PÉREZ LÓPEZ, Marcos. *Perspectivas de la experimentación animal en ciencias biomédicas.* Ed.: Universidad de Extremadura, Servicio de Publicaciones. España, 2016.

— MINTEER, Ben; COLLINS, James. "Ecological Ethics: Building a New Tool Kit for Ecologists and Biodiversity Managers". *Conservation Biology*. Vol. 19, Revista N°. 6, 2005 diciembre.

— MONTERO VEGA, Adela; GONZÁLEZ ARAYA, Electra. "La objeción de conciencia en la práctica clínica". *Acta Bioethica*. Vol. 17, Revista N°. 1, 2011.

— MOSTERÍN, Jesús. "Dilemas éticos en la experimentación animal". *Gaceta Conbioética*. Vol. 4, Revista N°. 16, 2015 abril-mayo-junio.

— MOTOIKE, Howard; O'KANE, Robyn; LENCHNER, Erez; HASPEL, Carol. "Clay modeling as a method to learn human muscles: a community college study". *Anatomical Sciences Education*. Vol. 2, 2009.

— MUÑOZ MACHADO, Santiago; DÍAZ-AMBRONA BARDAJÍ, Luis; FERNÁNDEZ FARRERES, Germán; FERNÁNDEZ RODRÍGUEZ, Tomás-Ramón; MARTÍN MATEO, Ramón; OLIART SAUSSOL, Alberto; REBOLLO PUIG, Manuel; SOSA WAGNER, Francisco. *Los animales y el Derecho*. Ed.: Civitas. Madrid, 1999.

— NAVARRO HERNÁNDEZ, Jaime Alonso; RAMÍREZ OJEDA, Roberto Aarón; VILLAGRÁN VÉLEZ, Carlos. "Cumplimiento de los principios éticos en la experimentación con animales". *Manual de procedimientos recomendables para la investigación con animales*. Ed.: Samsara. México, 2012.

— NAVARRO-VALLS, Rafael; MARTÍNEZ-TORRÓN, Javier., (con la colaboración de Rafael Palomino y Vincenzo Turchi). Ed.: McGRAW-HILL/Interamericana De España. Madrid, 1997. *El problema de su cobertura jurídica. Las objeciones de conciencia en el derecho español y comparado*.

— NOAH, Finkelstein; WENDY, Adams; JOHN, Keller; PATRICK, Kohl; KATHERINE, Perkins; NOAH, Podolefsky; SAM, Reid; LEMASTER, Ron. "When learning about the real world is better done virtually: A study of substituting computer simulations for laboratory equipment". *Physical Review Special Topics - Physics Education Research*. Vol. 1, Revista N°. 1, 2005.

— ORTIZ MILLÁN, Gustavo. "Víctimas de la educación. La ética y el uso de animales en la educación superior". *Revista de la*

Educación Superior. Vol. 45, Revista N°. 177, 2016 enero-marzo.

— PARDO CABALLOS, Antonio. "Ética de la experimentación animal. Directrices legales y éticas contemporáneas". *Cuadernos de Bioética.* Vol. 14, Revista N°. 3, 2005.

— PATRONEK, Gary; RAUCH, Annette. "Systematic review of comparative studies examining alternatives to the harmful use of animals in biomedical education". *Journal of the American Veterinary Medical Association.* Vol. 230, Revista N° 1, 2007.

— PEDERSEN, Helena. *Animals in Schools. Processes and Strategies in Human-Animal Education.* Ed.: Purdue University Press. Indiana, 2010.

— POUDEYBAT, Emmanuelle. *L'intelligence animale.* Ed.: Odile Jacob. Francia, 2017.

— PRIETO SANCHÍS, Luis. "Principios constitucionales del derecho eclesiástico español". En: IBÁN PÉREZ, Iván Carlos.; PRIETO SANCHÍS, Luis y MOTILLA, Agustín. *Curso de Derecho Eclesiástico.* Ed.: Servicio de Publicaciones de la UCM. Madrid, 1991.

— RODRÍGUEZ GARCÍA, José Ignacio. "Formación quirúrgica con simuladores en centros de entrenamiento". *Cirugía española: Órgano oficial de la Asociación Española de Cirujanos.* Vol. 79, N°. 6, 2006.

— ROGEL VIDE, Carlos. *Los animales en el Código Civil.* Ed.: Reus. Madrid, 2017.

— ROMANES, George John. *Animal intelligence.* Ed.: Hesperides Press. Londres, 2006.

— ROSETTI, Daniel López. *El cerebro de Leonardo.* Ed.: Lumen Humanitas. España, 2013.

— RUÍZ DE CHÁVEZ, Manuel; MOSTERÍN, Jesús; LEYTON DONOSO, Fabiola; LARIOS VELASCO, Gustavo; OLAIZ BARRAGÁN, Gustavo; LOZOYA PACHECO, José Manuel; OROZCO PÉREZ, Aidée. "Ética de la investigación con animales". *Gaceta Conbioética.* Vol. 4, Revista N°. 16, 2015.

— RUSSELL, William Moy Stratton; BURCH, Rex. *The principles of humane experimental technique.* Ed.: Methuen Publishing. Londres, 1959.

— SAMSEL, Richard; SCHMIDT, Gregory; HALL, Jesse; WOOD, Lawrence; SHROFF, Sanjeev; SCHUMACKER, Paul. "Cardiovascular physiology teaching: computer simulations vs. animal demonstrations". *Advances in Physiology Education*. Vol. 11, 1994.

— SCHUNEMANN, Aline. "Los animales en la experimentación científica". *Academia Veterinaria de México*, 1980.

— SIEIRA MUCIENTES, Sara. *La objeción de conciencia sanitaria*. Ed.: Dykinson. Madrid, 2000.

— SINGER, Peter. *Animal Liberation*. Ed.: Harper-Collins. Nueva York, 2009.

— SINGH DHINGRA, Mandeep; SINGH, Amandeep; SINGH, Jatinder. "Animal Experiments and Pharmacology Teaching at Medical Schools in India: A Student's Eye view". *Alternatives to Animal Testing and Experimentation (AATEX)*. Vol. 11, Revista N°. 3, 2006.

— SOLER PASCUAL, Luis Antonio. "¿Qué es un animal de compañía desde la perspectiva de la Ley Hipotecaria?" *Revista Derecho Inmobiliario*. N°. 112, 2022 noviembre.

— TAFALLA, Marta. "Percepción social de la experimentación animal. Principios éticos". En: Jesús MARTÍN ZÚÑIGA y José María ORELLANA MURIANA. *Ciencia y tecnología en experimentación y protección animal*. Ed.: Sociedad Española para las Ciencias del Animal de Laboratorio y la Universidad de Alcalá de Henares. Madrid, 2016.

— TAMINO, Gianni. *Storia di una legge. EQUIVITA Bolletino CSA, Comitato Scientifico Antivivisezionista*, 1992.

— TARODO SORIA, Salvador, TRIVIÑO CABALLERO, Rosana, *et. al.*, "Eutanasia y libertad de conciencia: derechos y obligaciones profesionales", *AMF*. Vol. 18, Revista N°. 5, 2022.

— TARODO SORIA, Salvador. *Libertad de conciencia y derechos del usuario de los servicios sanitarios*. Ed.: Servicio Editorial. Universidad del País Vasco/Euskal Herriko Unibertsitatea, 2005.

— TARODO SORIA, Salvador. "Libertad de conciencia y servicios sanitarios prestados por entes confesionales concertados con el Estado". En: Giovanni CIMBALO. *Federalismo fiscale, principio di sussidiarietà e neutralità dei servizi sociali erogati.*

Esperienze a confronto. Ed.: Bononia University Press, Bologna, 2006, Atti del Convegno di Ravenna, 4-6 maggio 2006, a cura di Antonello De Oto e Federica Botti introduzione di Giovanni Cimbalo.

— TÉLLEZ BALLESTEROS, Elizabeth Eugenia; SCHUNEMANN DE ALUJA, Aline; VANDA-CANTÓN, Beatriz; LINARES SALGADO, Jorge. "Argumentos con los que se intenta legitimar la enseñanza lesiva con animales en medicina veterinaria y zootecnia". *Dilemata*. Vol. 6, Revista N°. 15, 2014.

— TÉLLEZ BALLESTEROS, Elizabeth Eugenia. "El uso de los animales en la educación. Un análisis bioético". *Murmullos filosóficos*. Vol. 2, Revista N°. 3, 2012.

— TEMBHURNE, Sachin; SAKARTAR, More. "Alternative to Use of Live Animal in Teaching Pharmacology and Physiology in Pharmacy Undergraduate Curriculum: An Assessment of 120 Students Views". *International Journal of Current Research and Review (IJCRR)*. Vol. 1, Revista N°. 1, 2011.

— TETTAMANTI, Massimo. "L'obiezione di coscienza alla sperimentazione animale in Italia". *Scienza e Democrazia. Convegno Internazionale, Istituto Italiano per gli Studi Filosofici,* Napoli, 2003, giugno.

— TETTAMANZI, Dionigi. *Animali, Dizionario di bioética*. Ed.: Piemme. Casale Monferrato, 2002.

— TORRES SALAS, María Isabel. "La enseñanza tradicional de las ciencias versus las nuevas tendencias educativas". *Revista Electrónica Educare*. Vol. 14, Revista N°. 1, 2010 enero-junio.

— TREMOLEDA, Jordi. "Comentarios sobre la Directiva Europea 2010/63/EU para la protección de animales de laboratorio". *Revista de Bioética y Derecho*. Revista N°. 24, 2012 enero.

— TRIVIÑO CABALLERO, Rosana. *El peso de la conciencia. La objeción en el ejercicio de las profesiones sanitarias*. Ed.: Plaza y Valdés. Madrid-México, 2014.

— TURCHI, Vincenzo. "Nuove forme di obiezione di coscienza". *Stato, Chiese e pluralismo confessionale,* 2009.

— TURCHI, Vincenzo. *Obiezione di coscienza*. Ed: Utet. Torino, 1995.

— VANDA-CANTÓN, Beatriz. "La experimentación biomédica en animales en los códigos bioéticos". *Laborat Acta. Humanidades y Ciencia*. Vol. 15, Revista N°. 3, 2003.

— VAUCLAIR, Jacques. *L'intelligence de l'animal*. Ed.: Seuil. Francia, 1995.

— VELAYOS CASTELO, Carmen. "Animales genéticamente modificados: Primates no humanos". *ARBOR Ciencia, Pensamiento y Cultura*. Vol. 184, Revista N°. 730, 2008.

— VESALIUS, Andreas. *De humani corporis fabrica*. Ed.: Basel. Estados Unidos, 1543.

— VILLAR PALASÍ, José Luis. "La actividad industrial del Estado en el Derecho administrativo". *Revista de administración pública*. Revista N°. 3, 1950.

— VINARDELL MARTÍNEZ-HIDALGO, María Pilar. "Alternativas a la experimentación animal en toxicología: situación actual". *Acta Bioethica*. Vol. 13, Revista N°. 1, 2007.

— VIVIAN, Nutton. "Logic, Learning, and Experimental Medicine". *Science*. Vol. 295, Revista N°. 5556, 2002.

— WARTEMBERG, Marlene. "Historical, Constitutional and Legal Aspects". En: David FAVRE y Teresa GIMÉNEZ-CANDELA. *Animals and the law*. Ed.: Tirant lo Blanch. Valencia, 2015.

— WATERS, John; VAN METER, Peggy; PERROTTI, William; DROGO, Salvatore; CYR, Richard. "Cat dissection vs. sculpting human structures in clay: An analysis of two approaches to undergraduate human anatomy laboratory education". *Advances in Physiology Education*. Vol. 29, 2005.

— WATERS, John; VAN METER, Peggy; PERROTTI, William; DROGO, Salvatore; CYR, Richard. "Human clay models versus cat dissection: How the similarity between the classroom and the exam affects student performance". *Advances in Physiology Education*. Vol. 35, 2011.

— YAGO-DÍEZ RODERA, Zaida. *La objeción de conciencia farmacéutica*. Ed.: Eolas. León, 2020.

ANEXOS

ANEXO I. REFERENCIA DE NOTICIAS Y COMUNICADOS DE PRENSA

— Anónimo. *El Colegio de Oviedo lanza un manifiesto para que el Código Civil deje de considerar a los animales como cosas.* Consejo General de la Abogacía Española, 10 de enero de 2018.

— Anónimo. *España, pionera en transparencia sobre uso de animales para la investigación.* La Vanguardia, 5 de septiembre de 2018.

— Anónimo. *La simulación computacional disminuirá en el futuro los experimentos reales en laboratorio.* Agencia Iberoamericana para la Difusión de la Ciencia y la Tecnología, 20 de octubre de 2011.

— Anónimo. *Más de 120 instituciones españolas de investigación se unen para difundir los beneficios de la experimentación animal.* EUROPA PRESS, 5 de septiembre de 2018.

— Caamaño, Francisco. *No cabe la objeción de conciencia de los médicos con el aborto.* ABC, 12 de agosto de 2009.

— Montoliu, Lluis. ¿Cuántos animales se usan *en España para experimentación?* Cuaderno de cultura científica, 5 de enero de 2018.

— Peces-Barba Martínez, Gregorio. *Un compendio de errores y engaños.* EL PAÍS, 29 de agosto de 2009.

— Tomé López, César. *Experimentación animal (II).* Cuaderno de Cultura Científica, 21 de julio de 2015.

ANEXO II. JURISPRUDENCIA CITADA

1. Jurisprudencia del Tribunal Constitucional
— Sentencia del Tribunal Constitucional 15/1982, de 23 de abril. Publicada en el BOE número 118, de 18 de mayo de 1982.
— Sentencia del Tribunal Constitucional 53/1985, de 11 de abril. Publicada en el BOE número 119, de 18 de mayo de 1985.
— Sentencia del Tribunal Constitucional 24/1987, de 25 de febrero. Publicada en el BOE número 71, de 24 de marzo de 1987.
— Sentencia del Tribunal Constitucional 26/1987, de 27 de febrero. Publicada en el BOE número 71, de 24 de marzo de 1987.
— Sentencia del Tribunal Constitucional 160/1987, de 27 de octubre. Publicada en el BOE número 271, de 12 de noviembre de 1987.
— Sentencia del Tribunal Constitucional 161/1987, de 27 de octubre. Publicada en el BOE número 271, de 12 de noviembre de 1987.
— Sentencia del Tribunal Constitucional 55/1989, de 23 de febrero. Publicada en el BOE número 62, de 14 de marzo de 1989.
— Sentencia del Tribunal Constitucional 130/1991, de 6 de junio. Publicada en el BOE número 162, de 08 de julio de 1991.
— Sentencia del Tribunal Constitucional 235/1991, de 12 de diciembre. Publicada en el suplemento al BOE número 13, de 15 de enero de 1992.
— Sentencia del Tribunal Constitucional 85/1992, de 6 de junio. Publicada en el BOE número 157, de 01 de julio de 1992.

ANEXO III. LEGISLACIÓN CITADA

— Constitución Española, de 1978. Publicada en el BOE número 311, de 29 de diciembre de 1978.

— Tratado de Funcionamiento de la Unión Europea. Publicada en el DOUE número 83/47, de 30 de marzo de 2010.

— Instrumento de Ratificación del Convenio Europeo *sobre protección de los animales vertebrados utilizados con fines experimentales y otros fines científicos, hecho en Estrasburgo el 18 de marzo de 1986.* Publicada en el BOE número 256, de 25 de octubre de 1990.

— Instrumento de ratificación del Convenio Europeo *sobre protección de animales de compañía, hecho en Estrasburgo el 13 de noviembre de 1987.* Publicada en el BOE número 245, de 11 de octubre de 2017.

— Directiva 86/609/CEE del Consejo, de 24 de noviembre de 1986, *relativa a la aproximación de las disposiciones legales, reglamentarias y administrativas de los Estados Miembros respecto a la protección de los animales utilizados para experimentación y otros fines científicos.* Publicada en el DOUE número 358, de 18 de diciembre de 1986.

— Directiva 2010/63/UE del Parlamento Europeo y del Consejo, de 22 de septiembre de 2010, *relativa a la protección de los animales utilizados para fines científicos.* Publicada en el DOUE número 276, de 20 de octubre de 2010.

— Ley [italiana] Nº. 341, de 19 de noviembre de 1990, *sobre la reforma de los sistemas de enseñanza universitaria.* Publicada en la Gazzetta Ufficiale número 274, de 23 de noviembre de 1990. *[Traducción propia en el Anexo IV].*

— Ley [italiana] Nº. 413, de 12 de octubre de 1993, *de objeción de conciencia a la experimentación con animales.* Publicada en la Gazzetta Ufficiale número 244, de 16 de octubre de 1993. *[Traducción propia en el Anexo V].*

— Ley 4/2016, de 22 de julio, *de Protección de los Animales de Compañía de la Comunidad de Madrid.* Publicada en el BOCM número 190, de 10 de agosto de 2016, BOE número 285, de 25 de noviembre de 2016.

— Ley 1/2000, de 7 de enero, *de Enjuiciamiento Civil*. Publicada en el BOE número 7, de 8 de enero de 2000.

— Ley 8/2003, de 24 de abril, *de sanidad animal*. Publicada en el BOE número 99, de 25 de abril de 2003.

— Ley 32/2007, de 7 de noviembre, *para el cuidado de los animales, en su explotación, transporte, experimentación y sacrificio*. Publicada en el BOE número 268, de 8 de noviembre de 2007.

— Ley 6/2013, de 11 de junio, *por la que se modifica la Ley 32/2007, de 7 de noviembre, para el cuidado de los animales, en su explotación, transporte, experimentación y sacrificio*. Publicada en el BOE número 140, de 12 de junio de 2013.

— Ley 17/2021, de 15 de diciembre, *de modificación del Código Civil, la Ley Hipotecaria y la Ley de Enjuiciamiento Civil, sobre el r*égimen jurídico de los animales. Publicada en el BOE número 300, de 16 de diciembre de 2021.

— Ley Orgánica 2/2023, de 22 de marzo, *del Sistema Universitario*. Publicada en el BOE número 70, de 23 de marzo de 2023.

— Decreto de 8 de febrero de 1946, *por el que se aprueba la nueva redacción oficial de la Ley Hipotecaria*. Publicada en el BOE, número 58, de 27 de febrero de 1946.

— Real Decreto de 24 de julio de 1889, *por el que se publica el Código Civil*. Publicada en Gaceta de Madrid número 206, de 25 de julio 1889.

— Real Decreto [italiano] N°. 116, de 27 de enero de 1992. Publicada en la Gazzetta Ufficiale número 33, de 18 de febrero de 1992. *[Traducción propia en el Anexo VI]*.

— Real Decreto 822/2021, de 28 de septiembre, *por el que se establece la Organización de las Enseñanzas Universitarias y del Procedimiento de Aseguramiento de su Calidad*. Publicado en el BOE número 233, de 29 de septiembre de 2021.

— Real Decreto 1002/2010, de 5 de agosto, *sobre expedición de títulos universitarios oficiales*. Publicada en el BOE número 190, de 6 de agosto de 2010.

— Real Decreto 1791/2010, de 30 de diciembre, *por el que se aprueba el Estatuto del Estudiante Universitario.* Publicada en el BOE número 318, de 31 de diciembre de 2010.

— Real Decreto 53/2013, de 1 de febrero, *por el que se establecen las normas básicas aplicables para la protección de los animales utilizado en experimentación y otros fines científicos, incluyendo la docencia.* Publicada en el BOE número 34, de 8 de febrero de 2013.

— Real Decreto 1386/2018, de 19 de noviembre, por el que se modifica el Real Decreto 53/2013, de 1 de febrero, *por el que se establecen las normas básicas aplicables para la protección de los animales utilizados en experimentación y otros fines científicos, incluyendo la docencia.* Publicada en el BOE número 280, de 20 de noviembre de 2018.

— Decreto 58/2003, de 8 de mayo, del Consejo de Gobierno, *por el que se aprueban los Estatutos de la Universidad Complutense de Madrid.* Publicada en el BOE número 285, de 28 de noviembre de 2003.

— Decreto 32/2017, de 21 de marzo, del Consejo de Gobierno, *por el que se aprueban los Estatutos de la Universidad Complutense de Madrid.* Publicada en el BOCM número 71, de 24 de marzo de 2017.

ANEXO IV. LEY [ITALIANA] Nº. 341, DE 19 DE NOVIEMBRE DE 1990, SOBRE LA REFORMA DE LOS SISTEMAS DE ENSEÑANZA UNIVERSITARIA *[EN PARTE]* *[TRADUCCIÓN PROPIA]*

Artículo 11. Autonomía didáctica.

1. La organización de los estudios de los cursos a que se refiere el Artículo 1, así como de los cursos y actividades de capacitación a que se refiere el Artículo 6, párrafo 2, se rige, para cada universidad, por una regulación de las regulaciones didácticas, llamada regulación didáctica universitaria. El reglamento es deliberado por el senado académico, a propuesta de las estructuras didácticas, y se envía al Ministerio de investigación universitaria y científica y tecnológica para su aprobación. El Ministro, después de escuchar al CUN, aprueba el reglamento dentro de los 180 días posteriores a su recepción, después de lo cual el reglamento se considera aprobado sin que el Ministro se haya pronunciado. El reglamento se emite por decreto del rector.

2. Los consejos de las estructuras didácticas determinan, con una regulación específica, de acuerdo con la regulación didáctica de la universidad y con respecto a la libertad de enseñanza, la organización de la universidad y los diplomas, los cursos de especialización e investigación de doctorado, los planes de estudio con cursos fundamentales obligatorios relativos, los módulos didácticos, la tipología de las formas didácticas, incluidas las de enseñanza a distancia, las formas de tutoría, las pruebas de evaluación de la preparación de los estudiantes y la composición de las comisiones relativas, el modalidad de las obligaciones de asistencia también en referencia a la condición de los estudiantes trabajadores, los límites de la posibilidad de inscribirse en el curso, sin perjuicio de la posición del estudiante trabajador, los cursos que se pueden utilizar para obtener diplomas, así como la naturaleza preparatoria de los cursos en sí, actividades de laboratorio, prácticas y pasantías y la introducción de un sistema de créditos didácticos destinados a reconocer los cursos seguidos con un resultado positivo, sin perjuicio de la obligación de las disposiciones del artículo 9, párrafo 2, letra d).

ANEXO V. LEY [ITALIANA] Nº. 413, DE 12 DE OCTUBRE DE 1993, DE OBJECIÓN DE CONCIENCIA A LA EXPERIMENTACIÓN CON ANIMALES *[TRADUCCIÓN PROPIA]*

Artículo 1. Derecho de objeción de conciencia

1. Los ciudadanos que, por obediencia a la conciencia, en el ejercicio del derecho a la libertad de pensamiento, conciencia y religión reconocido por la Declaración Universal de Derechos Humanos, por la Convención para la Protección de los Derechos Humanos y de las Libertades Fundamentales y por el Pacto Internacional de Derechos Civiles y Políticos, se oponen a la violencia de todos los seres vivos, pueden declarar su objeción de conciencia a cada acto relacionado con la experimentación animal.

Artículo 2. Efectos de la declaración de la objeción de conciencia

1. Los médicos, investigadores y personal de salud de los roles de los profesionales graduados, técnicos y de enfermería, así como los estudiantes universitarios interesados, que han declarado su objeción de conciencia, no están obligados a participar directamente en las actividades e intervenciones específicas y necesariamente dirigidas a la experimentación con animales.

Artículo 3. Procedimientos para ejercer el derecho

1. La objeción de conciencia se declara al presentar la solicitud de reclutamiento o participación en el concurso.

2. Los estudiantes universitarios declaran su objeción de conciencia al profesor del curso, en cuyo contexto pueden realizar actividades o experimentos con animales al comienzo del mismo.

3. La declaración de objeción de conciencia puede ser revocada en cualquier momento.

4. Durante la primera aplicación de esta ley, la parte interesada declara la objeción de conciencia a la persona a cargo

de la instalación donde se llevan a cabo experimentos o actividades con animales, dentro de los seis meses a partir de la fecha de entrada en vigor de la ley.

5. Todas las estructuras públicas y privadas que tienen derecho a realizar experimentos con animales están obligadas a informar a todos los trabajadores y estudiantes sobre su derecho a ejercer una objeción de conciencia a las pruebas con animales. Las estructuras mismas también están obligadas a preparar un formulario para la declaración de objeción de conciencia a la experimentación con animales de acuerdo con esta ley.

Artículo. 4. Prohibición de la discriminación

1. Nadie puede sufrir consecuencias desfavorables, por negarse a practicar o cooperar en la realización de experimentos con animales.

2. Las personas que, de conformidad con el artículo 1, declaran su objeción de conciencia a la experimentación con animales tienen el derecho, si son empleados públicos y privados, de ser asignados, en el contexto del equipo orgánico existente, a actividades diferentes a las que involucran experimentación animal, manteniendo la misma calificación y el mismo trato económico.

3. En las universidades, los organismos competentes deben hacer opcional la asistencia a los ejercicios de laboratorio en los que se prevé la experimentación con animales. Dentro de los cursos, los métodos de enseñanza que no incluyen actividades de prueba con animales o intervenciones para aprobar el examen se activan al comienzo del año académico posterior a la fecha de entrada en vigor de esta ley. Los secretarios de la facultad aseguran la máxima publicidad del derecho a la objeción de conciencia a la experimentación animal.

ANEXO VI. REAL DECRETO [ITALIANO] Nº. 116, DE 27 DE ENERO DE 1992 *[EN PARTE]* *[TRADUCCIÓN PROPIA]*

Artículo 4.

1. Los experimentos contemplados en el artículo 3 solo podrán llevarse a cabo cuando, para obtener el resultado deseado, no sea posible utilizar otro método científicamente válido, razonable y prácticamente aplicable, que no implique la utilización de animales.

Artículo 8.

3. No obstante lo dispuesto en el apartado 1 del artículo 3, el Ministro de Sanidad solo autorizará los experimentos con fines docentes en caso de necesidad imperiosa y de que no sea posible recurrir a otros sistemas de demostración.

ANEXO VII. INFORME DE LA UNIVERSIDAD DE ZARAGOZA

Falcultad de Veterinaria
Universidad de Zaragoza

INFORME SOBRE LA OBJECIÓN DE CONCIENCIA EN PRÁCTICAS CON ANIMALES

La objeción de conciencia respecto de las prácticas con animales vivos en determinadas asignaturas del Grado en Veterinaria debe reunir para su consideración unos requisitos mínimos para que, desde el punto de vista jurídico, pueda ser tenida por real y permita en consecuencia iniciar el estudio de su posible reconocimiento: petición individual, referida a acciones concretas como son las prácticas con animales vivos, actitud seria basada en un criterio de conciencia que debe deducirse de la documentación aportada por el interesado con su solicitud y, finalmente, existencia de un deber jurídico válido de obligado cumplimiento cual es, en este caso, la normativa de aplicación respecto de la obligación del alumnado de asistir a las prácticas legalmente aprobadas en el plan de estudios del Grado en Veterinaria.

Para centrar correctamente el análisis de la cuestión debe destacarse primeramente que la objeción de conciencia no ha sido reconocida con alcance general en el ámbito internacional, bien en el ámbito del Derecho internacional de los derechos humanos, bien en el del Derecho de la Unión Europea. La referencia a tales ámbitos es obligada por cuanto el art. 10.2 de la Constitución Española establece que las normas relativas a los derechos fundamentales y a las libertades que la Constitución reconoce se interpretarán de conformidad con la Declaración Universal de Derechos Humanos y los tratados y acuerdos internacionales sobre las mismas materias ratificados por España.

Pues bien, en este sentido el art. 10.2 de la Carta de los Derechos Fundamentales de la Unión Europea, que reconoce el derecho a la objeción de conciencia, precisa que tal derecho se reconoce *"de acuerdo con las leyes nacionales que regulen su ejercicio"*. Este reenvío a "las leyes nacionales" evidencia, en primer lugar, la inexistencia de una "tradición constitucional común" a la que las instituciones de la Unión pudieran acudir sin más y, en segundo lugar, la necesidad de que haya un reconocimiento del correspondiente legislador nacional acerca de la posibilidad de objetar por razones de conciencia en los distintos ámbitos de la actividad que afecten a los derechos de los ciudadanos. Por tanto, fuera de la Constitución y de la Ley, ningún ciudadano puede elevar su conciencia a norma suprema y objetar a su libre antojo.

En el sistema del Convenio Europeo de Derechos Humanos, la decisión de 2 de octubre de 2001 del Tribunal Europeo de Derechos Humanos en el caso Pichon y Sajous c. Francia, recuerda que el art. 9 del Convenio Europeo de Derechos Humanos no garantiza en todo caso el derecho a comportarse en el ámbito público de la manera que dicten las convicciones personales.

Y siguiendo con lo expuesto, resulta que la libertad consagrada en el art. 16.1 de la Constitución Española permite objetar por motivos de conciencia, pero no sin necesidad de una previa regulación por parte del legislador del ejercicio de ese pretendido derecho a la objeción de conciencia. En caso contrario se estaría dando carta de naturaleza a cualquier tipo de objeción de conciencia, como si la conciencia individual pudiese imponerse a la Ley. Así, ya la Sentencia del Tribunal Constitucional núm. 321/1994, de 28 de noviembre, señaló que *"el derecho a la libertad ideológica reconocido en el art. 16 C.E. no resulta suficiente para eximir a los ciudadanos por motivos de conciencia del cumplimiento de deberes legalmente establecidos, con el riesgo aparejado de relativizar los mandatos legales"*, y que no se puede justificar la negativa al cumplimiento de alguno de esos mandatos *"ni apelando a la libertad ideológica, ni mediante el ejercicio de la objeción de conciencia, derecho que la Constitución refiere única y exclusivamente al servicio militar"*. En igual sentido puede verse la Sentencia del mismo Tribunal núm. 161/1987, de 27 de octubre, en la que se afirma que, a pesar de la relación de la objeción de conciencia con la libertad ideológica reconocida en el art. 16 CE, *"de ello no puede deducirse que nos encontremos ante una pura y simple aplicación de dicha libertad. La objeción de conciencia con carácter general, es decir, el derecho a ser eximido del cumplimiento de los deberes constitucionales o legales por resultar ese cumplimiento contrario a las propias convicciones, no está reconocido ni cabe imaginar que lo estuviera en nuestro Derecho o en Derecho alguno, pues significaría la negación misma de la idea del Estado"*.

Por lo que se refiere a la necesidad de reconocimiento y regulación del derecho a la objeción de conciencia por la Ley, la Sentencia del Tribunal Constitucional núm. 15/1982, de 23 de abril, precisó que *"el criterio de la conformidad a los dictados de la conciencia es extremadamente genérico y no sirve para delimitar de modo satisfactorio el contenido del derecho en cuestión y resolver los potenciales conflictos originados por la existencia de otros bienes igualmente constitucionales. Por todo ello, la objeción de conciencia exige para su realización la delimitación de su contenido y la existencia de un procedimiento regulado por el legislador 'con las debidas garantías', ya que sólo si existe tal regulación puede producirse la declaración en la que el derecho a la objeción de conciencia encuentra su plenitud"*.

Pero por si ello no fuese bastante, debe recordarse que también desde el punto de vista de la legalidad ordinaria existen pronunciamientos en este sentido de nuestras más altas instancias: el Tribunal Supremo estableció que no existe un derecho general a la objeción de conciencia en Sentencias del Pleno de su Sala Tercera de 11 de febrero de 2009, poniéndose de manifiesto en ellas que el tenor del artículo 16 de la Constitución Española no puede sustentar la tesis de que la libertad ideológica comprenda el derecho a comportarse siempre y en todos los casos con arreglo a las propias creencias; que el mandato inequívoco e incondicionado de obediencia al Derecho que establece el artículo 9 de la Carta Magna se contrapone a la dudosa existencia en la Constitución de un derecho a comportarse en todas las circunstancias con arreglo a las propias creencias; y, finalmente, que el reconocimiento de un derecho a la objeción de conciencia de alcance general a partir del artículo 16 equivaldría en la práctica a que la eficacia de las normas jurídicas dependiera de su conformidad con cada conciencia individual, lo que supondría socavar los fundamentos mismos del Estado democrático de Derecho.

De lo expuesto hasta el momento se concluye que no existe un derecho general a la objeción de conciencia que permita ante cualquier circunstancia, por respetable que pueda resultar, dejar de cumplir con un deber jurídico válido. Ello sería incompatible con la propia naturaleza de nuestro Estado como Estado democrático de Derecho. Pero lo anterior no implica que la objeción de conciencia no exista como derecho, pues es una concreción de la libertad ideológica. La aparente contradicción se aclara por el hecho de que la objeción de conciencia puede ejercitarse en dos casos: cuando existe reconocimiento legal o reconocimiento judicial. Es decir, bien por reconocimiento plasmado en norma con rango de ley, como ya sucede en España respecto de determinadas actividades (interrupción voluntaria del embarazo en los casos de profesionales sanitarios y dispensa de determinados fármacos respecto de los farmacéuticos), bien por sentencia judicial, en supuestos excepcionales en los que se compruebe la existencia de un conflicto intolerable entre el deber jurídico y la libertad de conciencia de la persona obligada a cumplir la norma o ejercitar una determinada actuación cuya inejecución conlleve una sanción. Y ninguno de esos reconocimientos se registra respecto de la utilización de animales vivos para el ejercicio de prácticas universitarias, pues ni existe ley que lo prevea ni antecedente judicial en el mismo sentido.

Es más, puede decirse que no sólo no está reconocida la objeción de conciencia en relación con la experimentación con animales vivos, sino que al contrario está regulada dicha práctica en normas legales y reglamentarias para fijar sus límites y condiciones de ejercicio (entre otras, la Ley 6/2013, de 11 de junio, de modificación de la Ley 32/2007, de 7 de noviembre, para el cuidado de los animales, en su explotación, transporte, experimentación y sacrificio, y Real Decreto 53/2013, de 1 de febrero, por el que se establecen las normas básicas aplicables para la protección de los animales utilizados en experimentación y otros fines científicos, incluyendo la docencia). Debiendo tenerse en cuenta también que en la Universidad de Zaragoza existe una Comisión Ética Asesora de Experimentación Animal entre cuyas funciones se encuentra precisamente la de evaluar y certificar la buena práctica de las actividades de investigación, de la docencia universitaria y de la formación profesional específica para el ejercicio de actividades relacionadas con la experimentación animal. De esta forma, cualquier solicitud de reconocimiento del derecho planteada de forma genérica, por ejemplo, referida a la totalidad de la prácticas con animales vivos, sin tan siquiera referirla a una actividad concreta (medio concreto empleado, daños o dolor, etc.), sino meramente al derecho a la objeción en abstracto, carecerá de fundamento concreto dado que las prácticas que se realizan con animales vivos en el Grado en Veterinaria respetan tanto las pautas legales y reglamentarias como las emanadas de la Comisión Ética Asesora de Experimentación Animal.

Finalmente no puede dejar de recordarse que el Plan de Estudios del Grado en Veterinaria fue objeto de la oportuna tramitación procedimental en su momento, habiendo sido verificadas y contrastadas por las máximas autoridades académicas las prácticas contenidas en el mismo y publicitado su contenido y las competencias necesarias para su superación, de forma que si el objetor decide cursar este estudio concreto por su única, libre y no condicionada voluntad, sabiendo de antemano que es preciso realizar prácticas con animales vivos para cursar precisamente el grado en veterinaria, es evidente que pudo plantearse otras alternativas, estudios o escenarios antes que el descrito, perfectamente legal. Habida cuenta también de que la normativa vigente establece en su descripción curricular las condiciones en que debe alcanzarse la titulación de Grado en Veterinaria, las cuales no pueden ser sustituidas para una persona concreta de forma alternativa, máxime cuando se pida para la totalidad de las prácticas con animales sin distinción. El carácter absoluto de la petición hará de hecho inviable e imposible el reconocimiento del derecho al afectar a gran parte de las asignaturas, y pondrá de manifiesto la contradicción esencial entre la elección de los estudios de veterinaria y la necesaria adquisición de competencias para alcanzar tal titulación que, cuando mínimo, pasará por el contacto y manejo de semovientes en sede universitaria para procurar precisamente en la vida profesional ulterior la sanación y cuidado de los mismos.

ANEXO VIII. INFORME DE LA UNIVERSIDAD COMPLUTENSE DE MADRID

UNIVERSIDAD COMPLUTENSE DE MADRID
Oficina de la Defensora del Universitario

Expediente 191/201415.

INFORME SOBRE LA OBJECIÓN DE CONCIENCIA EN LAS PRÁCTICAS CON ANIMALES.

NORMATIVA APLICABLE

Primero. La normativa aplicable a la obligatoriedad de asistencia a clase, obligatoriedad que incluye las prácticas obligatorias establecidas en el plan de estudios, se contiene en los preceptos que se transcriben a continuación:

A - Normativa estatal.

El Real Decreto 1791/2010, de 30 de diciembre, por el que se aprueba el Estatuto del Estudiante Universitario contempla las obligaciones de los estudiantes universitarios en su artículo 13, titulado: *"Deberes de los estudiantes universitarios".*

El apartado 1 del citado artículo proclama que *"Los estudiantes universitarios deben asumir el compromiso de tener una presencia activa y corresponsable en la universidad, deben conocer su universidad, respetar sus Estatutos y demás normas de funcionamiento aprobadas por los procedimientos reglamentarios".*

Esta obligación genérica, que no impone por sí misma la obligatoriedad de asistir a clase, se concreta en su apartado 2a) que determina como deber de los estudiantes universitarios:

"a) El estudio y la participación activa en las actividades académicas que ayuden a completar su formación".

B - Normativa propia de la Universidad Complutense de Madrid.

Los Estatutos de la Universidad Complutense de Madrid, aprobados por Decreto 58/2003, de 8 de mayo, del Consejo de Gobierno de la Comunidad de Madrid, establecen en su artículo 114 apartado h) como deber de los estudiantes complutenses: *"Asistir a clase y a las actividades académicas programadas en las respectivas enseñanzas."*

También el Estatuto del estudiante de la Universidad Complutense de Madrid, publicado en el B.O.C.M. nº 181 de 1 de agosto de 1997 incluye esta obligación en su artículo 43: *"**El estudiante deberá asistir a las clases teóricas y prácticas y participar responsablemente en las demás actividades orientadas a completar su formación.***

El estudiante deberá entregar la ficha de clase al Profesor de cada asignatura en el plazo de 15 días a contar desde el comienzo de las clases o la fecha de su matriculación."

No exististe duda acerca de la efectiva obligación de cursar las prácticas establecidas en los planes de estudio aprobados de acuerdo con la normativa vigente.

Segundo. La normativa aplicable al uso de animales en la investigación, que también incluye la docencia son las que se citan a continuación:

- **Ley 6/2013, de 11 de junio, de modificación de la Ley 32/2007, de 7 de noviembre, para el cuidado de los animales, en su explotación, transporte, experimentación y sacrificio.**

- **Real Decreto 53/2013, de 1 de febrero, por el que se establecen las normas básicas aplicables para la protección de los animales utilizados en experimentación y otros fines científicos, incluyendo la docencia.**
- **Directiva 2010/63/UE del Parlamento Europeo y del Consejo, de 22 de septiembre de 2010, relativa a la protección de los animales utilizados para fines científicos.**
- **Ley 32/2007, de 7 de noviembre, para el cuidado de los animales en su explotación, transporte, experimentación y sacrificio.**
- **Real Decreto 65/2006, de 30 de enero, por el que se establecen requisitos para la importación y exportación de muestras biológicas.**
- **Real Decreto 1201/2005, de 10 de octubre, sobre protección de los animales utilizados para experimentación y otros fines científicos.**
- **Ley 8/2003, de 24 de abril, de sanidad animal.**

Tercero. El artículo 3 del Real Decreto 1393/2007, de 29 de octubre, por el que se establece la ordenación de las enseñanzas universitarias oficiales regula el procedimiento para la aprobación del plan de estudios:

"Las enseñanzas universitarias oficiales se concretarán en planes de estudios que serán elaborados por las universidades, con sujeción a las normas y condiciones que les sean de aplicación en cada caso. Dichos planes de estudios habrán de ser verificados por el Consejo de Universidades y autorizados en su implantación por la correspondiente Comunidad Autónoma, de acuerdo con lo establecido en el artículo 35.2 de la Ley Orgánica 6/2001, modificada por la Ley 4/2007, de Universidades.

Los títulos a cuya obtención conduzcan, deberán ser inscritos en el RUCT y acreditados, todo ello de acuerdo con las previsiones contenidas en este real decreto.2

El plan de estudios del Grado en Biología ha sido objeto de la tramitación procedimental descrita, por lo que las prácticas contenidas en dicho plan han sido verificadas y contrastadas por las máximas autoridades académicas en materia de formación universitaria.

Así mismo, ha sido publicitado de forma suficiente para dar a conocer dicho contenido a los alumnos interesados en cursar el mismo, de manera que no puede alegarse desconocimiento de su contenido y de las competencias necesarias para su superación.

Cuarto. El 10 de febrero de 2012 se ha informado favorablemente por el Comité de Experimentación Animal de la UCM las prácticas que se imparten en el Grado en Biología.

EL DERECHO DE OBJECIÓN DE CONCIENCIA

Visto el contenido de la normativa en vigor, y por tanto, la existencia jurídica de una obligación por parte del alumnado ya matriculado de asistir a las prácticas legalmente aprobadas en el plan de estudios objeto de matriculación, así como la correspondiente autorización para su impartición, tanto desde el punto de vista académico como administrativo, es preciso finalizar el presente informe aclarando el concepto de lo que debe entenderse como OBJECIÓN DE CONCIENCIA.

Como indica la OPINIÓN DEL COMITÉ DE BIOÉTICA DE ESPAÑA SOBRE LA OBJECIÓN DE CONCIENCIA EN SANIDAD, en el documento elaborado con fecha 13 de octubre de 2011, y publicado en su página web:

"Se entiende por "objeción de conciencia" la negativa de una persona a realizar ciertos actos o tomar parte en determinadas actividades, jurídicamente exigibles para el sujeto, para evitar una lesión grave de la propia conciencia. El Estado de Derecho, en la medida en que reconoce el derecho fundamental a la libertad ideológica y religiosa, puede regular el ejercicio de la objeción de conciencia como manifestación del pluralismo ético y religioso presente en la sociedad.

La objeción de conciencia consiste en manifestar la incompatibilidad entre los dictados de la conciencia individual y determinadas normas del ordenamiento jurídico al que la persona se encuentra sujeta, con objeto de ser eximida de llevarlas a cabo sin sufrir sanción. De ello se sigue que el concepto de objeción de conciencia incluya los siguientes elementos:

1) La existencia de una norma jurídica **de obligado cumplimiento**, cuyo contenido puede afectar a las creencias religiosas o morales de los individuos, y que no puede obviarse sin incurrir en sanción. Es necesario que el contenido de la norma jurídica sea tal que pueda resultar incompatible con las convicciones morales o religiosas de los individuos y no meramente contrario a ciertas opiniones o intereses personales de éstos.

2) La existencia de un dictado inequívoco de la conciencia individual opuesto al mandato jurídico, requisito sobre el que el ordenamiento jurídico puede requerir verificación.

3) La ausencia en el ordenamiento jurídico de normas que permitan resolver el conflicto entre una o varias normas y la conciencia individual o posibiliten alternativas aceptables para el objetor.

4) La manifestación del propio sujeto del conflicto surgido entre la norma y su conciencia, sin que sea relevante la mera presunción sobre la existencia de conflicto. En consecuencia, son inválidas las manifestaciones que al respecto realicen terceras personas en nombre de algún colectivo.

En el presente supuesto, en mi opinión no se dan los requisitos exigibles para que podamos considerar la posibilidad de la existencia de un derecho a la objeción de conciencia, por los siguientes motivos:

- El ejercicio de esta objeción no se plantea como una acción individual, que efectúa un alumno (o varios a título exclusivamente individual), sino que seha planteado como una acción colectiva, que pretende la modificación de un plan de estudios ya aprobado por cauces diferentes al procedimientodiseñado por la normativa en vigor, regida por el Real Decreto 1393/2007, 29 de octubre, por el que se establece la ordenación de las enseñanzas universitarias oficiales.
- Existen plenas alternativas para el objetor, que ha decidido cursar este plan de estudios concreto, por su expresa voluntad, conociendo de antemano la obligatoriedad de realizar prácticas con animales, tal y como viene haciéndose en la Universidad desde hace décadas.

Por otro lado, es opinión unánime en la doctrina y en la jurisprudencia que la Constitución Española de 1978 sólo reconoce expresamente el derecho de objeción de conciencia frente al servicio militar (artículo 30), si bien hay autores que entienden que nuestro texto constitucional también hace una referencia a la cláusula de conciencia de los periodistas en el artículo 20.1.d).

Desde el punto de vista de la jurisprudencia, el Tribunal Supremo Sala 3ª (Contencioso-Administrativo), sec. 5ª, S 21-6-2010, rec. 3356/2006, efectúa las siguientes consideraciones sobre la existencia del derecho a la objeción de conciencia:

"Para sostener que, más allá de los específicos supuestos expresamente contemplados por la Constitución, de ésta surge un derecho a la objeción de conciencia de alcance general, que no podría ser ignorado por el legislador, suele invocarse —como se ha hecho en el caso ahora examinado— el artículo. 16 de la Constitución. La idea básica de quienes sostienen esta postura es que la libertad religiosa e ideológica garantiza no sólo el derecho a tener o no tener las creencias que cada uno estime convenientes, sino también el derecho a comportarse en todas las circunstancias de la vida con arreglo a las propias creencias. Pero ésta es una idea muy problemática, al menos por dos órdenes de razones.

En primer lugar, una interpretación sistemática del texto constitucional no conduce en absoluto a esa conclusión. Incluso, pasando por alto que la previsión expresa de un derecho a la objeción de conciencia al servicio militar en el artículo 30.2 no tendría mucho sentido si existiese un derecho a la objeción de conciencia de alcance general dimanante del artículo 16, es lo cierto que el tenor de este último precepto constitucional dista de abonar la tesis de que la libertad religiosa e ideológica comprende el derecho a comportarse siempre y en todos los casos con arreglo a las propias creencias. En efecto, la libertad religiosa e ideológica no sólo encuentra un límite en la necesaria compatibilidad con los demás derechos y bienes constitucionalmente garantizados, que es algo común a prácticamente todos los derechos fundamentales, sino que topa con un límite específico y expresamente establecido en al artículo 16.1 de la Constitución: "el mantenimiento del orden público protegido por la ley". Pues bien, por lo que ahora importa, independientemente de la mayor o menor extensión que se dé a la noción de orden público, es claro que ésta se refiere por definición a conductas externas reales y perceptibles. Ello pone de manifiesto que el constituyente nunca pensó que las personas pueden comportarse siempre según sus propias creencias, sino que tal posibilidad termina, cuanto menos, allí donde comienza el orden público.

En segundo lugar, en contraposición a la dudosa existencia en la Constitución de un derecho a comportarse en todas las circunstancias con arreglo a las propias creencias, se alza el mandato inequívoco y, desde luego, de alcance general de su artículo 9.1: "Los ciudadanos y los poderes públicos están sujetos a la Constitución y al resto del ordenamiento jurídico". Este es un mandato incondicionado de obediencia al Derecho. Derecho que, además, en la Constitución española es el elaborado por procedimientos propios de una democracia moderna. A ello hay que añadir que el reconocimiento de un derecho a la objeción de conciencia de alcance general a partir del artículo 16, equivaldría en la práctica a que la eficacia de las normas jurídicas dependiera de su conformidad con cada conciencia individual, lo que supondría socavar los fundamentos mismos del Estado democrático de Derecho.

Una vez sentado que el artículo 16 de la Constitución no permite afirmar un derecho a la objeción de conciencia de alcance general, es preciso verificar si podría encontrar fundamento en la jurisprudencia o en algún instrumento internacional.

Comenzando por los precedentes jurisprudenciales, la verdad es que distan de ser nítidos y lineales. Es indiscutible que la sentencia del Tribunal Constitucional 53/1985, relativa a la despenalización del aborto en ciertas circunstancias, afirma que el personal sanitario puede oponer razones de conciencia para abstenerse de participar en intervenciones dirigidas a la interrupción del embarazo. Pero a partir de aquí sería muy difícil extraer un principio general por constituir claramente un supuesto límite.

Más clara, como precedente en materia de objeción de conciencia, es la sentencia del Tribunal Constitucional 154/2002, relativa a la condena penal de unos padres que, a causa de sus creencias religiosas, no autorizaron una transfusión sanguínea para su hijo menor, que luego falleció. Ciertamente, el Tribunal Constitucional consideró que dicha condena penal supuso una violación de la libertad religiosa de los padres; lo que, al menos implícitamente, implica admitir que la libertad religiosa puede tener algún reflejo en el modo de comportarse. Pero tampoco sería fácil extraer de aquí un principio general, por varios motivos: se trata de una sentencia atinente a cuestiones específicamente religiosas, no morales en general; se trata de una sentencia aislada; y se trata, sobre todo, de una sentencia muy ligada a las innegables exigencias de justicia material del caso concreto.

Y, en cuanto a las sentencias del Tribunal Constitucional 177/1996 y 101/2004, se contemplaban casos en que un militar y un policía fueron obligados a participar en actos religiosos. Cuando alguien sometido a una especial disciplina es obligado a participar en un acto religioso, hay sencillamente una violación de su libertad religiosa.

La jurisprudencia constitucional española, en suma, no ofrece base para afirmar la existencia de un derecho a la objeción de conciencia de alcance general. Y, por lo que se refiere a instrumentos internacionales que satisfagan las características exigidas por el artículo 10.2 de la Constitución para ser guía de la interpretación en materia de derechos fundamentales, el único que puede traerse a colación es el artículo 10.2 de la Carta de Derechos Fundamentales de la Unión Europea, que dispone: "Se reconoce el derecho a la objeción de conciencia de acuerdo con las leyes nacionales que regulen su ejercicio".

Es verdad que este precepto no limita el derecho a la objeción de conciencia a un ámbito material determinado. Y es probable que, tras la mención específica a la Carta en el artículo 2 de la Ley Orgánica 1/2008, por la que se autoriza la ratificación del Tratado de Lisboa, aquélla debe ya ser utilizada como canon interpretativo aun cuando el mencionado Tratado de Lisboa no haya todavía entrado en vigor. Ahora bien, la propia Carta circunscribe su eficacia a aquellos supuestos en que los Estados apliquen Derecho de la Unión Europea, lo que claramente no ocurre en el caso ahora examinado. El artículo 10.2 de la Carta, además, requiere expresamente una "interpositio legislatoris" para desplegar sus efectos, por lo que no admite un derecho a la objeción de conciencia en ausencia de ley que lo regule (...).

Las sentencias dictadas por el Pleno de la Sala en los recursos de casación 949/08, 905/08 y 1013/08, todas ellas de 11 de febrero de 2009, reiteran en este punto la doctrina que se acaba de reseñar."

Finalizar citando, nuevamente el citado documento elaborado por el Comité de Bioética de España, que resulta muy esclarecedor por distinguir entre la objeción de conciencia y la desobediencia civil:

" 2.3. La objeción, derecho individual

Puesto que entendemos que objetar en conciencia es una forma de ejercer la libertad individual, la objeción sólo puede ser aceptada como un derecho del individuo y no un derecho colectivo. La conciencia pertenece a las personas físicas, no a entidades jurídicas ni a otros colectivos. A tal propósito conviene distinguir entre la objeción de conciencia y la desobediencia civil. Ambas son perfectamente legítimas en los estados de derecho, pero el sentido de una y otra son distintos. Con la objeción de conciencia, como su nombre indica, se expresa la voluntad de la persona de no adherirse a una norma por motivos de conciencia, reclamando que el Derecho le exima de ese deber y no le sancione por ello. La desobediencia civil, por su parte, puede ser individual o colectiva, pero es siempre un acto explícito y público de incumplimiento de una norma. Lo que se persigue con la desobediencia civil es que la ley en cuestión desaparezca o sea modificada. No se busca sólo el incumplimiento individual, sino la incidencia en la opinión pública y la presión sobre ella.

El móvil de la desobediencia civil suele ser político, en tanto que el de la objeción es moral, religioso o científico. El desobediente incurre en una falta por la que puede ser penalizado, mientras que al objetor se le acepta excepcionalmente que no se someta a la norma, por razones morales, sin que ello suponga discriminaciones de ningún tipo. Si las decisiones democráticas reflejan el sentir de la mayoría, el respeto a la conciencia del objetor supone la voluntad de tener en cuenta las opiniones de las minorías."

DE LEGE FERENDA

No obstante lo anterior, es cierto que existe una corriente cada vez más generalizada basada en razones éticas para oponerse a la experimentación con animales, basadas en el valor intrínseco del bienestar animal, valor que esta Defensora entiende como un valor digno de respeto por nuestra sociedad, especialmente de nuestra comunidad universitaria.

Muestra de estas corrientes son algunos proyectos de Proposición de Ley de objeción de conciencia en materia científica que ha sido propugnado por sindicatos.

Lo cierto y verdad es que se trata de un problema muy interesante, que tiene hondo calado en nuestra sociedad y que debe, obviamente ser objeto de debate y adecuada regulación por norma con rango de Ley, pero es éste un problema que no ha sido todavía objeto de aprobación por las Cortes Generales y, por ello, jurídicamente en el presente momento no puede invocarse como un derecho subjetivo, tal y como nuestra jurisprudencia ha puesto claramente de manifiesto.

No obstante lo anterior, entiendo el sentimiento y la conciencia de nuestros alumnos y yo, personalmente, apoyo los valores que esta objeción de conciencia propugna, si bien debe ser objeto de un debate que permita establecer métodos de adquisición de las competencias contenidas en el Plan de Estudios con medios alternativos, y ello requiere la adecuación de las asignaturas del mismo, así como su adecuada tramitación legal.

Por todo lo expuesto, debo INFORMAR:

1. La normativa aplicable establece una obligación por parte del alumnado ya matriculado de asistir a las prácticas legalmente aprobadas en el plan de

2. estudios objeto de matriculación, así como la correspondiente autorización para su impartición, tanto desde el punto de vista académico como administrativo.

3. No existe en el derecho positivo español un derecho genérico a la Objeción de Conciencia, tal y como ha establecido de forma reiterada la Jurisprudencia recaída en la materia, sino que el ejercicio de ese derecho debe venir previamente reconocido por una ley que así lo ampare y regule su ejercicio.

4. El ejercicio de esta Objeción de Ciencia no se plantea como una acción individual, que efectúa un alumno (o varios a título exclusivamente individual), **sino que se ha planteado como una acción colectiva**, y su admisión podría llegar a ocasionar que, de facto, se procediera a la modificación de un plan de estudios ya aprobado por cauces diferentes al procedimiento diseñado por la normativa en vigor, regida por el Real Decreto 1393/2007, de 29 de octubre, por el que se establece la ordenación de las enseñanzas universitarias oficiales.

5. Los objetores **han decidido cursar este plan de estudios concreto, por su expresa voluntad, conociendo de antemano la obligatoriedad de realizar prácticas con animales**, tal y como viene haciéndose en la Universidad desde hace décadas.

6. Me parece interesante el inicio de los estudios y proyectos necesarios para que nuestros alumnos puedan optar por otros medios prácticos de adquisición de las competencias descritas en el título, e insto a las Facultades que experimentan con animales vivos al objeto de que puedan establecer prácticas con medios alternativos.

Madrid, 5 de diciembre de 2014,
La Defensora del Universitario
Mª. Isabel Aránguez Alonso